Colección Psicoanálisis y Psicoterapias
Editor propietario: Ricardo Vergara Editor
Compiladora: Silvia Koval Eliaschev

Silvia Koval Eliaschev, compiladora

2020: LA SUBJETIVIDAD PUESTA EN JAQUE
Relatos clínicos de una experiencia singular

Amalia Barrero, Jorge E. Catelli

Silvia Koval Eliaschev, María Inés Mosquera

Raquel M. Mugrabi, Teresa Nora Popiloff

Margot Shrem, Gisella Schur

Soraya Díaz Yunis

**Ricardo Vergara
Ediciones**

Koval Eliaschev, Silvia
    2020 : la subjetividad puesta en jaque :
relatos clínicos de una experiencia singular
/ Silvia Koval Eliaschev. - 1a ed. - Ciudad
Autónoma de Buenos Aires : RV Ediciones,
2021.
    128p. ; 22 x 15 cm.

1. Clínica Psicoanalítica. 2. Psicoanálisis.
    I. Título.
        CDD 150.195

Coordinación de Producción y Edición: Ricardo Vergara
Te: 011-6-231-2760
email: edicionesvergara@gmail.com
Facebook: Ricardo Vergara
Instagram: @ediciones.vergara
Colegiales, Ciudad de Buenos Aires

Para comunicarse con la compiladora
E-mail: koval.silvia@gmail.com

Ilustración de portada: Silvia Berrade
www.berradesilvia.com.ar

Queda hecho el depósito que marca la ley 11.723

Impreso en Argentina - Printed in Argentina
Imprenta Dorrego, Av. Dorrego 1102 (CABA)
Abril de 2021

Índice

Introducción:

El tema del libro que presentamos "2020 La subjetividad puesta en jaque" propone un acercamiento a la experiencia que nos impuso la aparición del virus del Covid19 en la clínica de nuestro día a día, sobre todo en lo que respecta a su representación en la subjetividad tanto de los pacientes como de los analistas.

El concepto de subjetividad en líneas generales, entendido como la percepción y valorizacion personal de una idea o pensamiento, se haya asociado a la incorporación de emociones y sentimientos que surgen siempre ligados a eventos que se producen en la realidad.

Se trata de una cualidad humana que nos acerca a lo que es "propio de cada sujeto singular", aunque al vivir en sociedad cada individuo se impregna de la representación social que se construye a su alrededor.

En definitiva hablamos de una subjetividad que se vio afectada inevitablemente frente a la necesidad de mantenernos sanos, lejos del contagio y por ende de la muerte, sosteniendo la incertidumbre para de ese modo privilegiar la pulsión de vida.

Frente a esto hemos intentado a través de estas páginas compartir nuestras vivencias y sentimientos como así también las dificultades de trabajar en pandemia.

Con recursos más limitados producto del confinamiento, atravesados por cambios profundos y un duelo inevitable acerca de "lo que fue", hemos transitado el año 2020.

En medio de sentimientos de angustia e incertidumbre, de un día para otro tuvimos que implementar cambios de encuadre que pudieran sostener nuestro trabajo de modo de estar presentes para nuestros pacientes.

Enfrentándonos en general con una subjetividad arrasada por la presencia de un virus que amenazó desde el primer momento nuestro psiquismo, generando temores y fantasías acerca del destino inmediato.

El fantasma acerca de una finitud irreversible pero ahora próxima debido al virus, se presentó en la mente de los sujetos resignificando angustias muy primitivas y con ellas, síntomas más complejos.

En este panorama y con el reto de sostener nuestra función esencial, hemos acudido a nuestro saber apostando a lograr una escucha del inconsciente que resulte fértil y acompañante. Lidiando además con nuestra propia angustia ya que nos hallamos inmersos al igual que los pacientes en esta realidad.

Este libro surge como un desafío de varios colegas queridos y respetados, de aquí y del extranjero con los que estudie y me forme durante varios años, tanto en mi estancia en Caracas (Venezuela) como en nuestra querida APA.

También incluye el trabajo de la Dra. Gisela Schur, Neuropediatra, que nos cuenta a través de su relato y desde la disciplina médica, su experiencia de trabajar con discapacidad en forma virtual a partir de la pandemia.

A todos ellos mi agradecimiento por acompañarme a transitar esta rica experiencia a través de relatos que desde concepciones teóricas expresadas con claridad fertilizan el saber psicoanalítico.

Intentaré entonces a través de estas primeras páginas y a modo de introducción, rescatar algunas frases del trabajo de cada uno de los autores que me parecieron significativas de la temática que abordamos.

Lic. Amalia Barrero, miembro titular de APA, nos plantea acerca de la temática que abordamos: *"La irrupción del Covid actualizó traumáticamente sentimientos de vulnerabilidad, de soledad, de incertidumbre. Vivencias paranoicas se activaron, el entorno y lo más íntimo se volvieron peligrosos, los hijos, los padres, la familia. Debemos mantener distancia de los seres más queridos para no enfermarlos o enfermarnos..."*

Dra. Margot Shrem, colega venezolana, miembro didacta de la Sociedad Psicoanalítica de Caracas que hoy reside en

México, nos relata: *"Hoy estamos sufriendo las consecuencias de una gran peste, con alrededor de cien millones de personas contaminadas y más de dos millones de fallecidos. De allí que como analistas nos corresponde pensar cómo cada quien vive esta pandemia, en qué época nos tocó vivirla, cómo cada quien la transita, la sufre, la padece y cómo podemos ayudar en el marco comunitario como estudiosos de la salud mental..."*

Soraya Yunis Díaz, psicoanalista compañera de formación y miembro de la Sociedad Psicoanalítica de Caracas que actualmente reside en España escribe: *"Ha sido extenso el embate de la peste del momento, cruzando intrusivamente el territorio de lo humano social individual y subjetivo, con su roce ineludible en nuestra práctica clínica...La angustia que se dispara ante un panorama como este ha invocado un abanico de maniobras defensivas desde unas más primarias hasta otras en apariencia más reñidas con la sensatez..."*

Ya desde Argentina la **Lic. María Inés Mosquera**, miembro adherente de APA, nos plantea: *"Me propongo reflexionar acerca de lo traumático en tiempos de pandemia y mostrar como esto sumado a los cambios abruptos en el encuadre han generado obstáculo en algunos tratamientos...."*

Lic. Raquel M. Mugrabi, miembro de APA y profesora adjunta en los seminarios de formación psicoanalítica de la institución hace una descripción acerca de nuestra función: *"Con nuestro trabajo como psicoanalistas cumplimos durante la pandemia una importante función cuidando y conteniendo al yo de los pacientes en el constante esfuerzo de equilibrar el régimen pulsional, ofreciéndole otros recursos por fuera de la destructividad..."*

La Dra. Teresa Popiloff, miembro titular de la APA nos agrega: *"Si el psicoanálisis prescindiera de la categoría de sujeto ¿Seguiría siendo psicoanálisis? Responderlo es un reto. Lo cierto es que en nuestro tiempo la subjetividad esta fuera de lugar..."*

La **Dra. Gisela Schur,** Neuropediatra, nos dice acerca de

su practica con discapacidad: *"Las redes sociales se tornaron un punto de encuentro con los pacientes...aquello que había criticado por su poder adictivo se transformó en una herramienta más..."*

Jorge Catelli, psicoanalista miembro titular de APA comenta en el trabajo acerca de su vivencia en el comienzo de la pandemia: *"Por aquellos momentos, sufrí un doble golpe. Darme cuenta que estaba "en el mismo barco" que mis analizantes, angustiados por los sucesos del momento y, a la vez, darme cuenta que "no estaba en el mismo barco". Así fue cómo en un encuentro telemático con una querida amiga y compañera de investigaciones en Ciencias de la Educación, especialista en Sociología de la Educación , se me ocurrió recurrir a aquélla sentencia "estamos todos en el mismo barco", refiriéndome a la pandemia y a la situación compleja que nos estaba tocando vivir a nivel global.*

Por último para terminar esta introducción y a modo de cierre, tomé un corto párrafo de mi trabajo que expresa de algún modo mi conclusión acerca de la temática desplegada en las páginas de este libro:

"Una buena cuota de nuestra humanidad es la que tenemos que invertir en estos tiempos de manera de paliar una subjetividad que se ha visto "jaqueada" por la realidad que nos toca vivir. Además de tener en cuenta que" El ser analistas no nos aleja de la incertidumbre, tampoco de la angustia que ésta produce."

Agradezco infinitamente la colaboración de todos los colegas y amigos que me acompañaron en esta aventura de transmitir nuestra experiencia. Los invito entonces a transitar "nuestros relatos de una experiencia muy singular".

Silvia Koval Eliaschev

2020 "Cambios en el encuadre analítico": Interrogantes acerca de su impacto en la subjetividad de la dupla analista/paciente.

SILVIA KOVAL ELIASCHEV

"La vida no es sino una continua sucesión de oportunidades para sobrevivir".
Gabriel García Márquez

Consideraciones preliminares:

El año 2020 pasara a la historia como un episodio casi "catastrófico", en el que el mundo como lo conocíamos cambió. Todo aquello que conformaba la realidad de nuestro día a día se modificó dando lugar al concepto de "nueva normalidad".

Frente a esta realidad se dieron reacciones de diferente orden en los sujetos. Hablo de una diversidad de respuestas frente a un evento disruptivo sin antecedentes que puedan recordarse. Respuestas que, a mi criterio, se hallan ajustadas a variables que conforman la subjetividad de "cada quien" y al tipo de estructuración psíquica que resulta predominante, además de algunas cuestiones ligadas a la realidad concreta.

Así no ha sido igual la adaptación a los protocolos que exige el cuidado frente a la pandemia, o los cambios que ésta produjo, en una estructura psíquica bien organizada, que en aquella que no lo está.

La incertidumbre, concepto con el que el ser humano ha tenido que lidiar a lo largo de la historia de la humanidad, se configuró como una amenaza permanente, animando el desarrollo de todo tipo de defensas, algunas de ellas muy primitivas.

En estas circunstancias es que hemos tenido que trabajar a partir de la intempestiva aparición del virus. Una situación que ha provocado todo tipo de eventos sumado a una realidad exterior que se tornó sumamente hostil con la que inevitablemente convivimos en el día a día, tanto pacientes como analistas.

La intención de esta presentación es un acercamiento a la experiencia que nos trajo la clínica del 2020. Una clínica que, en mi caso particular, a partir del mes de marzo se desarrolló exclusivamente en forma virtual.

Más precisamente me referiré al concepto de encuadre tal como lo conocemos para luego ligarlo a la experiencia actual y al modo en que los cambios impactaron en la subjetividad de los pacientes en análisis. Finalmente intentare a través de un relato de la clínica mostrar con un caso la experiencia acerca de las vicisitudes que nos vimos obligados a enfrentar, a partir de la aparición del virus.

El encuadre: un corto recorrido por el concepto

En una revisión de la historia del concepto nos encontramos que Freud no teorizo al respecto aunque en su célebre artículo "Consejos al médico" Freud (1912) formula una serie de indicaciones metodológicas destacándose entre ellas la regla fundamental de la asociación libre.[1]

También aparece otra indicación en relación al contrato con el paciente, frecuencia de las sesiones honorarios y al lugar del analista como "espejo".

En este caso habla de la necesidad de abstinencia y reserva del analista en su posicionamiento, a los efectos de promover la emergencia de la transferencia posibilitando así el trabajo con "lo inconsciente".

Las primeras referencias explícitas con respecto al concepto de encuadre en el pensamiento psicoanalítico se deben a los aportes de Winnicott, quien se refirió al "setting"

---

[1] S Freud (1912) "Consejos al médico en el tratamiento psicoanalítico" O.C Tomo XII Editorial Amorrortu

y a Bleger que en 1967 escribió "Psicoanálisis del encuadre psicoanalítico"

La introducción del concepto de setting por Winnicott inaugura una mirada del encuadre particular. En su experiencia se interroga respecto al abordaje de pacientes en los que el "yo" no está suficientemente constituido, lo que hace que el dispositivo clásico no resulte útil en la medida en que se complejiza el papel de la regresión[2].

Es por ello que el autor comienza a introducir modificaciones, a los efectos de promover y ampliar las posibilidades del análisis con pacientes que desbordan el campo de las neurosis clásicas.

En su conceptualización del "encuadre" como medio ambiente facilitador, habla del establecimiento de una relación entre el paciente y su analista en un ámbito dentro del cual pueda desarrollarse esta relación.

Este espacio incluye un cuarto tranquilo a cubierto de interrupciones, con un diván donde se realicen regulares y frecuentes entrevistas y al mismo analista.

El concepto de ambiente facilitador resulta vital según Winnicott a la hora de promover un marco dentro del cual la comunicación simbólica pueda desarrollarse.

Bleger (1967) por otro lado define al encuadre como: "La situación analítica es el conjunto de los elementos comprendidos en la relación analítica, en cuyo seno es observable en el tiempo un proceso que tiene por nudos la transferencia y la contratransferencia, gracias al establecimiento y a la delimitación del encuadre analítico"[3] Bleger entiende que el encuadre constituye un fondo silencioso y mudo, una constante que permite el interjuego de las diferentes variables del proceso analítico.

---

[2] D Winnicott (1954) "Aspectos metapsicológicos y clínicos de la regresión dentro del marco psicoanalítico" Escritos de Pediatría y Psicoanálisis. Editorial Paidós Psicología profunda

[3] Bleger J (1967) "Psicoanálisis del encuadre psicoanalítico" Revista de Psicoanálisis 24(2) Pág. 241/248 APA

Variables que según plantea Green (1990), pueden presentarse de dos modos:[4]

El primero en el que el cuadro silencioso se hace olvidar esta como ausente. En ese nivel el análisis se desenvuelve entre personas, lo que permite entrar en una mayor profundidad de las subestructuras de éstas y en el conflicto intrapsíquico entre las instancias.

La segunda situación se presenta cuando el encuadre hace sentir su presencia. Se trata de una sensación que puede aparecer en el paciente, pero sobre todo lo hace en la mente del analista, que registra una tensión no habitual instalándose esto como una amenaza al proceso que se haya en desarrollo.

Por otro lado Green (2003) define el encuadre dividiéndolo en dos partes, la matriz activa por un lado, compuesta por la asociación libre del paciente y la atención y escucha flotantes del analista "impregnadas de neutralidad benévola" y por el otro, el "estuche" referido a número de sesiones, modalidad de pago etc.* *"la matriz activa es la alhaja en el estuche"*[5] .

El autor se interroga acerca de la importancia del encuadre analítico al analizar las diferencias entre la cura clásica y la psicoterapia analítica, privilegiando el rescate de la matriz activa, aunque no se cumplan las condiciones del "estuche" que las contiene.

Proceso éste en el que se articulan transferencia, resistencia e interpretación, en un camino en el que intentamos acercar al paciente al modo en que su inconsciente lo dirige, al mismo tiempo que su "yo" lo ignora.

Hasta aquí un resumen acerca del concepto de los autores que considere más importantes, a la hora de desarrollar un análisis de la situación actual atravesada por la presencia de la pandemia.

---

[4]   Green A. (1990) "El analista, la simbolización y la ausencia en el encuadre analítico" De locuras privadas. Amorrortu editores

[5]   Green A: (2003) "Encuadre-Proceso-Transferencia". Ideas directrices para un psicoanálisis contemporáneo Amorrortu editores

El espacio analítico en tiempos de Covid: articulación de los conceptos de encuadre y subjetividad.

El "acerca de la realidad" en el espacio analítico se constituye en una temática con la que convivimos a diario aquellos que intentamos desde el bastión que representa nuestro consultorio, lidiar con el sufrimiento subjetivo. ¿De qué realidad hablamos los psicoanalistas?

Y digo esto porque aquellos profesionales que sustentan la teoría psicoanalítica no pueden obviar la presencia de dos realidades, la realidad exterior objetiva, y la otra "la del paciente" realidad que se halla atravesada por el conflicto psíquico y una percepción particular del mundo que denominamos "realidad psíquica".

¿Cómo trabajamos hoy los analistas cuando intentamos lograr una articulación adecuada entre las diferentes realidades con las que inevitablemente nos enfrentamos en el día a día de nuestro trabajo? porque a lo mencionado en el párrafo anterior falta agregar el impacto que en el psiquismo tienen los nuevos escenarios culturales y sociales del siglo XXI.

"Nuestras consultas hoy, en líneas generales son demandadas por sujetos cuyas condiciones de vida distan mucho de parecerse a las de los individuos que vivieron en la primera mitad del siglo XX, en la Europa que vio nacer el Psicoanálisis".[6]

La globalización, cambios profundos en los modos de comunicación, y una temporalidad diferente constituyen cambios de paradigma que nos imponen la necesidad de ¨aggiornarnos¨. ¿Cómo pensar esta nueva realidad: pacientes que desligan, desinvisten y separan, procesos en los que la asociación libre se interrumpe y nos encontramos trabajando con una temporalidad coagulada, eterno retorno de lo igual?

A la hora de pensar en la clínica de hoy, en articulación con el concepto de transferencia, éste nos inclina a interrogarnos acerca del espacio analítico actual. Se trata, desde

[6]   Koval Eliaschev S. (2001)"Neurosis traumática: Acerca de las intervenciones en crisis. El caso venezolano" Revista Trópicos - Sociedad Psicoanalítica de Caracas

los tiempos de Freud, de un espacio que permite recrear escenarios de una historia a "repetir" con un nuevo "objeto" el analista, historias vividas en otro tiempo y otro lugar.

Agregando también aquellos cambios en las condiciones reales de existencia que nos exigen un ajuste y acomodación permanente. Un trabajo que debe mantener sin duda los lineamientos de la teoría psicoanalítica que sustentamos, pero que demanda muchas veces que nos adaptemos para que el proceso de "la cura" sea alcanzable.

Indudablemente el nuevo escenario que se presentó frente a la aparición del virus, un hecho que podríamos encuadrar dentro del concepto de "catástrofe natural", sin que haya otro antecedente similar que podamos recordar, nos planteó nuevos interrogantes. De repente los seres humanos debimos aislarnos en nuestras casas, tuvimos que adaptarnos a usar un barbijo o tapabocas en forma permanente, todo lo que antes resultaba cotidiano y normal se modificó de un modo inevitable.

Dejamos de abrazar a nuestros seres queridos, a compartir con muchos de ellos la vida, cambió el modo de relacionarnos social y profesionalmente.

El concepto de distanciamiento social dirigido a conservar la salud y en algunos casos la vida, ha empañado nuestro día a día. En fin, hablamos de sucesos que hubiesen sido impensables a priori, para los que nadie estaba psíquicamente preparado.

En este contexto es que planteo el análisis de una subjetividad que ha quedado en muchos casos arrasada por esta realidad con las que nos toca lidiar y para la que todavía no hay respuestas en cuanto a su resolución definitiva.

Desde nuestra condición de analistas tuvimos que aprender a trabajar en otras condiciones para abordar a nuestros pacientes, además de sostener nuestro trabajo.

El encuadre, un ítem necesario a la hora de trabajar analíticamente se modificó. Los consultorios se cerraron y comenzamos a trabajar en forma virtual.

Surgieron entonces muchos interrogantes acerca de la eficacia y posibilidades efectivas de algunos tratamientos.

Más allá de la preocupación frente a estas cuestiones, aparecieron algunas dudas que me inclinaron a investigar a autores contemporáneos.

Green (1984) plantea que "el encuadre es ante todo una situación, una situación sin equivalente en la vida" o sea dice "que debe ocupar en la vida el lugar que ocupa el contexto. Contexto señalado por una relación de no familiaridad"[7]

Esta definición de Green acerca de la "no familiaridad", que podemos llamar distancia, neutralidad etc. me induce a pensar cómo influyen los cambios a la hora de trabajar solo en forma virtual. A través de la pantalla nos metemos involuntariamente en el hogar de los pacientes, vulnerando su intimidad. Muchas cuestiones del comportamiento no verbal se pierden sin la presencia ¿Cuáles serán los efectos a nivel inconsciente?

Esta situación ha despertado inquietudes acerca de la diferencia entre el psicoanálisis o "cura clásica" y la psicoterapia psicoanalítica, en lo que respecta al valor del concepto de encuadre.

Siguiendo a Green este afirma que ambas "terapias" comparten muchos rasgos de la matriz activa, pero difieren en cuanto al estuche que las encierra.

Este último, ha cambiado inevitablemente. Sin consultorio como espacio analítico, sin diván y en un proceso de adaptación para continuar el trabajo, ambos partenaires no han tenido más remedio que proseguir en un "cómo se pueda" llevando adelante el proceso. El paciente buscando un refugio a la incertidumbre y al dolor por las pérdidas, el analista recurriendo al concepto de encuadre interno aquél que el mismo internalizo en su propio análisis, que se hace presente en su mente rigiendo el límite de las variaciones que puede autorizar.

Intentando sin dudas mantener contra viento y marea aquello que sostiene un tratamiento "la alianza terapéutica".

Este desarrollo no siempre es posible sin que aparezcan dificultades, lo sabemos. Si en condiciones normales son

---

[7] Green A. (1984) Significación del encuadre en "El lenguaje en Psicoanálisis" Amorrortu editores

frecuentes las "reacciones terapéuticas negativas" en este contexto de pandemia lo son más.

Voy a relatar entonces, algo que me ocurrió con una paciente de muchos años que generó en mí muchos interrogantes que quiero compartir.

Una paciente llamada X

"X", (así llamare a la paciente de modo de conservar lo más posible su intimidad) comenzó su análisis conmigo en el año 2010. Llego derivada por una colega con su esposo para una terapia de pareja.

Desde el inicio se mostró muy impulsiva e imperativa, las sesiones de pareja se desarrollaron en un clima de tensión "casi" insoportable.

Era muy agresiva con su esposo que mostraba una gran pasividad y tenía mucha dificultad para defenderse. Por otro lado, éste mencionaba en cada sesión que no creía que ese espacio pudiera ayudarlos. El consultorio se inundaba de gritos y reproches en cada encuentro.

X sin embargo se mostraba interesada, pero con bastante dificultad para aceptar algunas intervenciones en las que "con cuidado" yo le mostraba su agresividad.

Durante ese lapso en el que atendí a ambos falleció de HIV una hermana de X lo que generó una fuerte conmoción en la paciente.

Si bien la consulta era en pareja, decidí proponerle que tuviéramos unas sesiones ella y yo solas. Me parecía muy importante saber más acerca de su historia. Ella estaba muy enojada con su esposo, pero también con la vida...

Y no era para menos...X era la hija menor de un matrimonio en el que había imperado la violencia familiar toda la vida. Tenía varios hermanos, otro de ellos había muerto producto del abuso de drogas. El resto de la familia se hallaba inmersa en historias de adicción y otras yerbas.

El padre era muy violento con la madre, quien se presentaba como una mujer muy depresiva que siempre tenía miedo a que la dejaran sola. X relataba que ella y sus hermanos eran siempre cuidados por tíos o vecinos en una situación de profundo desvalimiento.

Esta era su historia. X trataba de sobrevivir usando todo tipo de defensas, la mayoría de ellas muy "primitivas".

Con el tiempo descubrí que su violencia respondía a un tipo de defensa particular frente a una angustia que muchas veces se le hacía intolerable, situación que intervenía fuertemente en el espacio de la terapia de pareja esterilizando la posibilidad de avanzar.

En este contexto le propuse continuar trabajando en forma individual apostando a generar un tratamiento que resultara posible. Intentando a través de la transferencia hacer uso de la función de "reviere", condición muy necesaria en esta paciente.

Con este marco de contención todo comenzó a modificarse. X entablo conmigo una fuerte transferencia positiva lo que ayudo a mejorar la relación con su esposo e hijos y a tomar distancia de su familia de origen que seguía haciéndole muy mal.

Con el tiempo fue encontrando un lugar para ella, puso un negocio y logro un desarrollo personal muy interesante, aunque frente a ciertas situaciones, volvía a tener reacciones muy violentas que daban cuenta de un deterioro claro de sus "fronteras psíquicas"

En estas circunstancias si bien había un encuadre prefijado, funcionaba de un modo muy flexible dadas las características de la paciente. Solía solicitarme cambios de horario bastante seguido, a los que yo accedía a veces, sólo si tenía posibilidades.

Todo este proceso tuvo lugar a lo largo de muchos años de trabajo y de haber logrado una fuerte alianza terapéutica.

Hasta el comienzo de la pandemia. En abril su padre se enferma de Covid y fallece. La madre también se contagia, pero se repone. En este contexto X se descompensa. Comienza a ejercer una situación de maltrato para con su familia, sobre todo con su esposo y su hija mayor.

Le propongo agregar entonces una 2a sesión con la intención de tratar de compensarla, pero la rechaza. Nunca había aceptado tener más de una sesión semanal, aunque me contactaba a través de mensajes intentando una disponibilidad mía casi permanente, que funcionaba simbólicamente al modo de un reclamo materno. Reclamaba en la transferencia un lugar que nunca había tenido en su hogar y que mi condición de analista obviamente no podía otorgar, solo podía mostrárselo a través de mis intervenciones.

Así transcurrieron varios meses durante el año 2020. Las sesiones la calmaban un poco, pero volvía a la carga y la familia demandaba soluciones.

En varias ocasiones sugerí una consulta con un psiquiatra, pero ella se negaba y la familia no insistía.

En noviembre al único hermano varón que le quedaba vivo le descubren un cáncer de páncreas. Esto vuelve a descompensarla y comienza a exigirme que la atienda en los horarios que ella solicita. Lo que se había constituido en un encuadre flexible se convierte en una exigencia casi agresiva. Entiendo su angustia, pero no tengo más remedio que poner el límite que corresponde a mi función terapéutica y a mi realidad. No lo entiende. Y en esas circunstancias abandona el tratamiento en forma intempestiva. Le ofrezco hacer un cierre después de tantos años de trabajo y no me responde más.

Ante esta situación y luego de haber intentado varias veces un acercamiento a través de llamadas y mensajes sin respuesta, doy por terminado el tratamiento.

Muchas fueron las preguntas. ¿El ser una paciente de borde se constituyó en un inconveniente a la hora de trabajar en forma virtual? ¿Por eso el acting-out?

¿La espera de una incondicionalidad absoluta fue producto de una intolerancia de la paciente a la "no presencialidad" en el tratamiento?

Me pregunto también si no me convertí en alguien muy parecido a su padre al no aceptar todos los cambios de horario que me exigía, alguien que no respondió adecuadamente a su demanda.

La muerte del padre ocurrida a principios de la pandemia la había angustiado enormemente, pero produjo un cambio importante en el vínculo con la madre.

Con ella X nunca había podido relacionarse y a partir de ese momento comenzó a visitarla. La madre lejos de estar más deprimida frente a la pérdida de su marido "renace" de las cenizas, madre e hija se visitan y comienzan a compartir momentos, algo que según la paciente nunca había sido posible.

Esto se constituye en una situación reparatoria para X, de algún modo recupera a su madre y comienza a tener un lugar.

Me pregunto si esto último, en una paciente que tiene una capacidad limitada para la discriminación, el tener ahora un "lugar" con la madre la colocó en otro lugar en la relación transferencial

Por otro lado, la demanda de incondicionalidad ejercida de un modo tan agresivo generó en mí sentimientos contratransferenciales que quizás respaldaron una conducta de mayor exigencia de respeto del encuadre, algo que la paciente no pudo sostener.

> *X: ¿"Porque no me podés cambiar la hora"?... si seguro ahora con la pandemia tenés muchos más espacios libres..."*
>
> *A: Parece que pensás que no quiero...no que no puedo cambiarte el horario...*

De ese modo con su enojo porque no podía conseguir el horario que ella buscaba para su comodidad, hacia caso omiso a un contrato que habíamos acordado y mantenido a lo largo de todo el tratamiento que duro diez años.

Efectivamente algo en la transferencia se había modificado a partir de los eventos en la pandemia, produciendo efectos no solo en la subjetividad de X sino también en mi contratransferencia.

Es obvio que las circunstancias que resultan de estos cambios, incluidos ambos personajes de la dupla, no resultan un tema menor a la hora de pensar en modificaciones en el vínculo analítico.

Me sigo interrogando aún hoy si algo, en mi subjetividad cambió frente a todas estas circunstancias de la realidad, generando una reacción de intolerancia a la demanda de la paciente y su familia.

X nunca había resultado una paciente fácil. Siempre fue pensada como una paciente fronteriza con las que se cumplían muchos de los criterios que la convertían en "inanalizable". Sin embargo, el tratamiento había logrado compensarla psíquicamente lo que redundaba en un mejoramiento en sus vínculos y en su calidad de vida en general.

Varios son los interrogantes que quedan a seguir investigando en la experiencia que ha dejado un año muy difícil para todos los sujetos que habitamos esta tierra.

Algunas conclusiones:

La pregunta de rigor que atraviesa a mi criterio esta presentación, es si estamos en condiciones de aseverar que impronta tuvieron los cambios en el encuadre durante el 2020, en la subjetividad de los pacientes en análisis.

Pregunta de difícil respuesta porque entre otras cosas, no hay aún una experiencia clínica suficiente que nos dé indicios claros.

Sí se ha podido observar, tal como planteo al comienzo del trabajo, que la respuesta psíquica a los cambios de la realidad exterior no es la misma en todos los pacientes. Ésta se halla íntimamente ligada a varios factores, entre ellos a la estructura psíquica que predomina y a las condiciones familiares que presenta el paciente.

Obviamente no ha sido igual el aislamiento, condición de resguardo frente a la posibilidad de contagio para los sujetos que viven solos, que para aquellos que tienen una familia de soporte.

Tampoco ha sido similar el proceso de atravesar la situación de pandemia para un paciente con una estructura melancólica, que para otro en el que se hayan privilegiados los síntomas obsesivos.

En el caso de pacientes que acusaban un déficit de origen primario, los efectos de la amenaza de enfermar y morir dieron lugar al desarrollo de defensas muy primitivas como la desmentida, con las consecuencias y riesgos que el predominio de este tipo de defensa produce.

Claramente la amenaza de muerte que trajo consigo el virus más la intervención de un bombardeo de información acerca de infectados y muertos recibida a diario por la población, tuvo efectos traumáticos.

En lo que respecta a mi experiencia, en líneas generales

he podido trabajar manteniendo las condiciones que hacen que un tratamiento siga siendo "psicoanalítico", promoviendo la asociación libre y sosteniendo una "escucha" del inconsciente en atención flotante que resulte fértil.

Los cambios en el encuadre, necesarios para responder a la realidad del trabajo exclusivo en forma virtual, fueron razonablemente aceptados tanto por los pacientes como también por nosotros los analistas, sin que sepamos aún si tendrá efectos en el desarrollo futuro de la tarea analítica.

Una tarea posible pero difícil en tiempos de Covid debido a todos los cambios a los que nos debimos enfrentar. En muchos casos tuvimos que poner a funcionar nuestra capacidad de "reverie" (Bion) o al decir de Winnicott, la función de "holding", situación que se tornó muy necesaria como respuesta al desvalimiento psíquico que presentaron algunos pacientes.

Por ello es que me parece fundamental mencionar la importancia de tener muy presente las diferencias que observamos en el "caso por caso" ya que permite estar atentos a las necesidades de cada paciente.

Esto incluiría sostener la empatía necesaria que promueva la situación transferencial y un encuadre adecuado, pero flexible.

Y también agregaría el estar atentos a los cambios en nuestra propia subjetividad.

El ser analistas no nos aleja de la incertidumbre, tampoco de la angustia que ésta produce.

Nunca olvido una conceptualización de N. Marucco (2002) cuando define a la "realidad exterior como una cuarta instancia psíquica". Hoy más que nunca lo que nos toca vivir nos muestra esto que el autor viene planteando ya hace muchos años y que incluyo a la hora de pensar el proceso en el que estamos inmersos.[8]

Una buena cuota de nuestra humanidad es la que tenemos que invertir en estos tiempos de manera de paliar una

---

[8] Marucco N. (2002) "De ayer de hoy de nosotros a los pioneros". Que escuchamos y como intervenimos. Simposio de APA 2002 Panel de cierre

subjetividad que se ha visto "jaqueada" por la realidad que nos toca vivir.

Tarea compleja pero posible usando las herramientas que nuestra formación nos ha brindado y atravesados por las mismas circunstancias que el resto de los sujetos.

No olvidemos que a los riesgos que acarrea el peligro de enfermar de Covid hay que agregar lo que implica esta amenaza en el psiquismo.

Este concepto entiendo, funciona como un punto de inflexión a la hora de pensar acerca de la importancia de los cambios de encuadre a raíz de la pandemia. Por ello es tan importante privilegiar tal como lo ha planteado A. Green el "encuadre interno del analista" aquel que logramos a través de los largos años de formación.

Hasta aquí estas reflexiones que intentan abrir camino a nuevos interrogantes, aquellos que nos permitan seguir investigando, para de ese modo lograr una mayor eficacia en nuestro trabajo.

Bibliografía

S Freud (1912) "Consejos al médico en el tratamiento psicoanalítico" *Obras Completas* Tomo Xll Editorial Amorrortu

D Winnicott (1954) *"Aspectos metapsicológicos y clínicos de la regresión dentro del marco psicoanalítico"* Escritos de Pediatría y Psicoanálisis. Editorial Paidós Psicología profunda

Bleger J (1967) "Psicoanálisis del encuadre psicoanalítico" *Revista de Psicoanálisis* 24(2) Pág. 241/248 APA

Green A. (1984) *Significación del encuadre en "El lenguaje en Psicoanálisis"* Amorrortu editores

Green A. (1990) *"El analista, la simbolización y la ausencia en el encuadre analítico" De locuras privadas.* Amorrortu editores

Green A: (2003) *"Encuadre-Proceso-Transferencia". Ideas directrices para un psicoanálisis contemporáneo* Amorrortu editores

Koval Eliaschev S. (2001)" Neurosis traumática: Acerca de las intervenciones en crisis "El caso venezolano" *Revista Trópicos - Sociedad Psicoanalítica de Caracas*

Marucco N. (2002) *"De ayer de hoy de nosotros a los pioneros". Que escuchamos y como intervenimos.* Simposio de APA 2002 Panel de cierre

Silvia Koval de Eliaschev

Lic. en Psicología. Psicoanalista

Maestría en Problemas y Patologías del desvalimiento. UCES. (2007)

Miembro adherente de la Asociación Psicoanalítica Argentina (2012)

Miembro de la "Federación Psicoanalítica de América Latina "Fepal" y de la "International Psycho- Analytical Association" (2012)

Supervisora externa del Postgrado de la carrera de Psicología de la Universidad Central de Venezuela. (2002/2006)

Directora del departamento de Psicopatología "Centro Medico Solano" Caracas, Venezuela (2000/2007).

Participo en varias publicaciones:

Revista Trópicos Vol. 1 y 2 Psicoanálisis en tiempos de crisis. "Crisis social desvalimiento y ´práctica profesional" Fondo editorial Sociedad Psicoanalítica de Caracas 2003

Coautora en" Humano nada más que humano" La transferencia en la vida y obra de Freud. Editorial Letra Viva 2017

Coautora en "Psicoanálisis online" Trabajando por Skype Messenger y otras aplicaciones Ricardo Vergara ediciones 2020

Actualmente trabaja en atención privada de adolescentes, adultos y parejas.

E-mail: koval.silvia@gmail.com

El sentimiento de soledad en la época de la hiperconectividad

AMALIA BARRERO

"El psicoanálisis sigue siendo en un mundo que prácticamente ha quedado cubierto por la técnica una praxis excepcional, puesto que no requiere de ningún dispositivo para llevarse a cabo, salvo el que le es específico, el dispositivo de la transferencia". Dessal G. [1]

El psicoanálisis, el psicoanalista y su práctica, no son independientes de la época que los atraviesa. Por eso es que debemos interrogarnos acerca de cuáles son los malestares actuales que demandan ser escuchados. Como analistas no podemos eludir la responsabilidad de pensar la articulación entre las "nuevas subjetividades" (concepto sociológico y epocal) con la de "sujeto del inconsciente" (concepto psicoanalítico, singular y particular) porque es a partir de esta articulación que podremos dar mejor cuenta de los síntomas, inhibiciones y angustias que los pacientes traen a la consulta.

¿Los malestares de los que hablaba Freud en 1930 (Malestar en la cultura) siguen siendo los mismos que los del 2021? En principio diría que hay un malestar ineludible con el que paga todo sujeto su inserción a la cultura, si bien el padecimiento que hace a la estructura propia del sujeto no es epocal, las formas que este adquiere sí lo son. Es innegable que los pacientes que Freud veía con su sintomatología espectacular (las famosas histéricas) no son los que hoy nos piden tratamiento. El psiquismo como lo pensó Freud con sus Instancias: Yo, Super yo y Ello sigue siendo la matriz metapsicológica de la que nos valemos los psicoanalistas para pensar y analizar los resortes del padecimiento humano y la transferencia sigue siendo la única puerta de entrada para operar en el inconsciente. Barrero [2]

La experiencia analítica se desarrolla por entero en una relación de sujeto a sujeto, con la palabra como vínculo privilegiado, palabra que a partir de Freud pierde todo ropaje de ingenuidad y adquiere una dimensión fundamental tanto en su faz reveladora del inconsciente como en su función de opacidad y de equivoco. Esta es la matriz del psicoanálisis y trasciende todas las épocas.

Acerca de lo epocal. Psicoanálisis siglo XXI

Cada cultura presenta las formas de goce que ella acepta o excluye, definiendo aquello que considera normal o anormal. Uno de los paradigmas de la época victoriana, momento del nacimiento del psicoanálisis, era la represión, sobre todo de la sexualidad femenina, también de la palabra, bajo el lema de la intimidad y del recato, no se podía hablar de las fantasías y de los padecimientos, éstos pertenecían al ámbito de lo privado o de la confesión, es decir de la religión. Apogeo de la instancia superyoica restrictiva. Aprés-coup mediante entendemos el porqué de las histerias de conversión, en las cuales el cuerpo con sus rigideces e inhibiciones expresaba lo que la palabra tenía prohibido decir.

Es el psicoanálisis el que ofrece escuchar lo prohibido, el que ofrece levantar la represión para dar lugar al deseo, a las fantasías y disminuir el padecimiento. Las neurosis histéricas, obsesivas y las fobias fueron la creación y el caldo de cultivo que usó Freud para desplegar su teoría y su práctica. Los paradigmas actuales son muy diferentes a los que regían en el siglo XIX. Hoy el mandato super yoico tiene que ver con el exceso: "todo es posible", "no a la represión". Además, la velocidad aplicada a los distintos ámbitos de la vida adquiere un valor supremo. De lo restrictivo a lo excesivo. Es en el encuentro con el síntoma, creación inconsciente, en su multiplicidad de presentaciones, donde los analistas podemos avizorar los efectos en el sujeto de los mandatos e imperativos de la cultura a la que pertenece.

El avance de la tecno ciencia con su promesa por demás

tentadora, "todo se puede llegar a lograr" no hace más que abonar el mandato superyoico del exceso y la ilusión narcisista, que todo ser humano porta, de encontrar el paraíso perdido, en definitiva en términos psicoanalíticos, "no a la castración".

Hay una cierta coincidencia entre los psicoanalistas, los filósofos y los sociólogos, en que estamos asistiendo a una época en la que se da una cierta declinación de la metáfora paterna (entendiendo a esta como una función reguladora del goce, anclaje simbólico en el sujeto que establece que no todo se puede ni todo es posible). Así como la política de la represión tiene sus consecuencias clínicas, también las tiene la política del exceso.

Dessal advierte acerca de la "creencia" que gracias a la tecnología, lograremos alzarnos por encima de los límites que pesan sobre la condición humana y alcanzar un estatuto inédito, por ejemplo, en los avances de nanotecnología aplicada a la biología humana. Una visión posmoderna del milenarismo tradicional depositando en la tecno ciencia una función mesiánica que salvará al ser humano de sufrir los límites que su humanidad le impone.

La muerte, límite supremo para los seres humanos, está en investigación para ser superada. El filósofo Derrida lanza un desafío, yo diría una demanda al psicoanálisis, al ubicarlo como la única disciplina que puede pensar y analizar "sin coartadas", las nuevas formas de goce, eso que en la línea de la pulsión de muerte, él denomina la crueldad sin sangre pero con un alto grado de padecimiento. La violencia que se deriva de la deconstrucción de la noción de semejante.

La ciencia ficción ya no es una película

El cine de ciencia ficción, siempre ha mostrado un futuro más o menos próximo, en el que a través del avance de la tecno ciencia podían cumplirse temores y/o deseos que pertenecían a la dimensión de la fantasía por la imposibilidad de recursos para hacerlos realidad. En la serie Years and Years, un personaje adolescente desconcierta a sus padres cuando les plantea el deseo de ser trans- humana, implantándose un circuito o chip, que mejoraría notablemente sus capacidades. En el consultorio una paciente adolescente, asombra a su analista cuando le plantea su interés por incursionar en el biohacking [3].

Muchas de las fantasías que estaban destinadas a la ciencia ficción hoy son una realidad, Chris Dancy se presenta como el hombre más conectado del mundo. Todos sus movimientos, temperatura corporal, presión sanguínea, oxígeno y peso están digitalizados. "Soy un ciborg consciente porque uso la tecnología a mi favor". "Todo comenzó en 2007, me sentía muy infeliz. Estaba a punto de cumplir 40 años y tenía una carrera a mis espaldas creando sistemas informáticos para empresas de software y entonces, me pregunté si sería posible usar esas habilidades para mejorar mi propia salud" Dancy tiene 11 dispositivos en su cuerpo y cientos de aparatos en su casa que le ayudan a cuantificar y registrar todo lo que hace y a medir sus constantes vitales a diario (reportaje de la BBC Mundo). Dancy no recurrió a un analista para interrogarse del porqué de su tristeza, de su malestar, acudió a la tecnología para resolverlo, reforzando sus mecanismos de control y de omnipotencia, el exitismo yoico. Frente a estos testimonios los psicoanalistas debemos cuidarnos de no caer en calificaciones prejuiciosas rápidas del tipo, es un delirante, es un psicótico, es un caso en mil. Tampoco es cuestión de estigmatizar como dañino el avance tecno científico. Debemos no olvidar la sentencia de Freud, de que ningun analista puede llegar muy lejos en su escucha si no revisa sus complejos y sus prejuicios. El desafío para el psicoanálisis es crear saber en áreas que no han sido pensadas. Y ubicar como cada sujeto en particular hace un uso sintomático de los recursos tecnológicos, enlazándolo con su historia particular y contribuir a preservar y/o producir un sujeto de deseo que éticamente pueda decidir cómo hacer uso de estos recursos alejándolo de esta manera de la pura alienación. [4]

Zizek afirmaba que "con el surgimiento de la realidad virtual y de la tecnobiología asistimos a la desaparición del límite que separa lo interior de lo exterior. Dicha desaparición pone en peligro nuestra percepción más elemental de lo que es nuestro propio cuerpo y la relación que mantiene con su entorno". De hecho, en los juegos virtuales (de los que participan la mayoría de los jóvenes y niños) se pone en juego el cuerpo, pero es un cuerpo que no envejece, no se lastima y si lo hace se recompone rápidamente, no come, desconoce las pausas implícitas en las necesidades vitales y los cortes temporales que ellas implican. Asistimos fascinados, casi narcotizados, al desvanecimiento de todas las restricciones que el cuerpo material impone a la vida. Los jugadores pueden pasar horas y días completos inmersos en este mundo de sensaciones extremas, en donde no se requiere capacidad de espera, todo es ya, es un presente continuo y renovable. Estamos en la dimensión del autoerotismo a pesar de estar conectados con otros jugadores.

Muchos de estos juegos se realizan on line con jugadores que pueden estar en cualquier parte del mundo. Participamos de una época en la cual hay un predominio del registro imaginario, todo está a la vista! En cuanto a la intimidad, aquello reservado para dejarse ver solo en las relaciones muy próximas, hoy tiene la dimensión de espectáculo on line, all time, relaciones virtuales, sexo virtual, citas virtuales, juegos virtuales, clases virtuales, festejos virtuales, entierros virtuales, suicidios virtuales. El avance tecnológico se ha constituido en parte de nuestra vida cotidiana y de nuestras relaciones afectivas.

¿Qué efectos provoca esta pregnancia de la tecnología sobre la subjetividad?.

¿Surgen nuevos síntomas? , ¿Recrudecen otros? ¿Cambió la demanda de análisis?

La demanda de análisis actual, atravesada por la velocidad como valor supremo y por el touch and go como forma de encuentro, tiene la característica de exigir rapidez y eficacia en la solución del padecimiento y cierta intolerancia al tiempo que demandan los procesos de elaboración y de duelo. En cuanto a los síntomas, los ataques de pánico, la caída del deseo sexual, la depresión, adicciones y actuaciones, componen un abanico frecuente entre los motivos de consulta. También se ha incrementado notablemente, sobre todo en los niños el trastorno por déficit de atención e hiperactividad (TDHA). El encuentro entre un niño que comienza a manejar el ipad muy tempranamente, y una maestra que le exige atención por un tiempo prolongado a lo que dice, es un encuentro fallido. Si la velocidad es el paradigma y llegar a ser multitasking se ha convertido en un ideal, cada vez será más difícil lograr que la atención se detenga más allá de un breve periodo, sobre todo si el mensaje no se acompaña de un elemento visual. [5]

¿Se va perdiendo el decir a viva voz?

Una paciente cuenta acongojada la ruptura con su pareja, el enojo, los reproches, todo se desplegó por mensajes de textos, ante la pregunta de porqué no habló, respondió, ¡ah no! eso es otra cosa, me dio vergüenza, no le voy a mostrar tanto interés!

Con la imagen y con los mensajitos de texto quedaba a resguardo del otro, podía disimular lo que sentía, podía controlar que nada se le escapara. La voz implica un compromiso mayor, porque da el tono emocional que hasta puede contradecir al mensaje manifiesto. Apunta a una verdad del mensaje que está más allá de las palabras, transmite lo que se dice, el cómo se dice y lo que no se dice, los silencios también hablan. [6]

Del campo de la mirada al campo de la escucha (dimensión privilegiada del psicoanálisis). El gran aporte del psicoanálisis fue el descubrimiento de que puede decirse algo más que aquello que esperaba decirse, el lenguaje como vehículo de la división subjetiva del sujeto, de su posición deseante. ¿Será la sustracción de la voz en el intercambio con el otro, una nueva forma de intimidad?

Covid 2019

A la manera del síntoma, como aquello que hace ruido, que incomoda, la aparición del Covid jaqueó la narrativa tecno científica: "todo se puede lograr", "todo se puede controlar". El mundo entero entró en estupor e incertidumbre. La demanda universal a la ciencia fue que cumpla con su promesa de poder y que con rapidez y eficacia termine con este virus invisible que enferma y mata. Sin embargo, todavía no se pudo responder a esta demanda. Las vacunas hechas en tiempo record (un año) recién están llegando a algunos países y tendrán que probar su eficacia.

Los únicos métodos de cuidado que han resultado ser útiles para evitar el contagio, son muy artesanales, apelan a la responsabilidad de cada uno, están por fuera de lo tecno científico: barbijo, distancia de 3 metros, y lavado frecuente de manos.

La irrupción del Covid actualizó traumáticamente sentimientos de vulnerabilidad, de soledad, de incertidumbre. Vivencias paranoicas se activaron, el entorno y lo más íntimo se volvieron peligrosos, los hijos, los padres, la familia. Debemos mantener distancia de los seres más queridos para no enfermarlos o enfermarnos. Qué paradoja en la que nos ubicó el Covid, el abrazo, el beso, la caricia, operaciones libidinales que inauguran nuestro cuerpo erógeno están prohibidas si queremos estar sanos y vivir....."por sobrevivir, sacrificamos voluntariamente todo lo que hace que valga la pena vivir, la sociabilidad, el sentimiento de comunidad y la cercanía" Byung-chul-hang.

Los psicoanalistas debimos adoptar y adaptarnos a nuevos encuadres de trabajo, los tratamientos on line por Facetime, Zoom, WhatsApp-video reemplazaron las sesiones presenciales. Algunos pacientes lo aceptaron, otros no pudieron adaptarse. Gracias a la tecnología se pudo seguir asistiendo, la escucha y la transferencia no se vieron mayormente afectadas, la función psicoanalítica pudo mantenerse más allá de lo presencial.

El sentimiento de soledad

Una paciente dice estar muy triste, se siente sola en el mundo, asocia la aparición de este sentimiento cuando vió que un amigo de su exnovio la dejó de seguir por Instagram. Si bien esta persona era alguien a la que no conocía, ni siquiera le interesaba, se lamentaba por bajar el número de contactos, la "cantidad" era lo importante. Más seguidores, más popularidad, el número de contactos como reaseguro del bienestar narcista.

La sensación de vacío y soledad que relatan algunos pacientes, se potencia y agrava con esta modalidad epocal que propone como ideal el tener miles de seguidores, en donde la cantidad es más importante que la calidad, a la manera del atracón bulímico. Silvia Bleichmar [7] denominó deshidratación psíquica al efecto que se produce con ese tipo de encuentros superficiales, sin involucramiento afectivo. "Vivimos en una sociedad que se hace cada vez más narcisista". Byun-Chul Han.[8]

El malestar de sentirse solo, ha adquirido un nivel de importancia tan grande que hasta el creador de Facebook, Zuckerberg prometió cambiar toda la misión de Facebook para encargarse de generar comunidades de personas que realmente se unan por intereses que valgan la pena. [9] Harari

Freud reconocía el miedo a la soledad como un sentimiento muy temprano, tan intenso que lo encuadraba dentro de las fobias infantiles.

Lo asoció al estado de indefensión del infans que se activa cuando el otro auxiliador se ausenta. El juego del fort-da representa el trabajo psíquico que todo sujeto debe realizar para instalar el compás de espera que implica la regulación del intervalo entre la presencia y la ausencia. Queda claro que el sentirse solo no siempre tiene que ver con no estar rodeados de gente. Es una sensación, no una realidad. Sensación que cuando se transforma en padecimiento demanda ser escuchada, ya que tiene que ver con la historia singular y libidinal del sujeto, con déficits sufridos en los procesos de encuentros y desencuentros con el otro primordial. Esta angustia neurótica tiene que ver con el intento fallido de la libido de compensar estos deficits, estos desencuentros con el objeto de amor perdido, con objetos externos actuales, en terminos de cantidad y no de calidad.

Entonces, sabemos que este problema no se calma con cientos de contactos ya que una cosa es estar conectados y otra es estar comunicados.

El ser escuchado y el escuchar, el ser alojado y alojar, son operaciones que necesariamente demandan involucrarse emocionalmente y sobre todo disponibilidad para conocer a otro en su alteridad.

A lo largo de los dos últimos siglos las comunidades íntimas han ido desintegrándose. El intento de sustituir grupos pequeños de personas que de verdad se conocen, o a un amigo o familiar por grupos de cientos de integrantes con un alto grado de anonimato está fracasando. La gente lleva vidas cada vez más solitarias en un planeta cada vez más conectado Harari. [10]

¿Qué puede ofrecer hoy el psicoanálisis frente a esta narrativa exitista, con tintes de promesa de que la felicidad, léase, plenitud, es posible y además está al alcance de la mano, como si fuera un slogan: solo depende de Ud. lograrla! Y si no lo logra …Ud. fracasó!

Uno de los descubrimientos de Freud más importantes y tal vez más decepcionantes fue que el impedimento para ser feliz obedece excepcionalmente a factores exteriores, hay un malestar que es inherente a la estructura misma del sujeto, y que los caminos por los cuales el sujeto emprende la búsqueda de satisfacción muchas veces son tortuosos y reñidos con el placer, este conocimiento interpela la creencia en una tendencia natural en el hombre hacia la felicidad y el bienestar. Por otra parte si bien sabemos que no hay objeto capaz de restaurar el paraíso perdido o calmar el anhelo del encuentro con ese objeto total y pleno de la satisfacción, no cejamos en su búsqueda. Asistimos con nuestra escucha al padecimiento del sujeto por repeticiones de relaciones desdichadas, a conductas que atentan contra su propia salud, a aquello que insiste a pesar del saber consciente y el padecimiento que conlleva.

Si bien asistimos a una época, atravesada por el ideal de Goce, que lanza al sujeto a creer en la posibilidad de borramiento de toda alteridad, de todo límite, el psicoanálisis sortea esta encrucijada, este desafío, legitimando el valor de la diferencia como causa de deseo y de vida. Deberá así estar a la altura de la cultura que lo atraviesa y saber hacer con eso, sin renunciar a los principios que le dieron origen: la ética del analista que implica el respeto por el sufrimiento y la singularidad del sujeto en cuanto a su deseo inconsciente, ayudando al que padece a encontrar un mejor arreglo para su vida.

En síntesis, lo que atraviesa todas las epocas y modalides de expresión del sufrimiento es la oferta que el psicoanálisis sostiene: escuchar y alojar la humanidad del sujeto, lo que flaquea, tropieza o incomoda, esas creaciones íntimas y personales con las que cada uno trata siempre fallidamente de domeñar los demonios que lo habitan.

Notas:

(1) Dessal G. El inconciente 3.0 pág.16
(2) Barrero A. Humano nada más que humano Cap. 1
(3) El objetivo del biohacking es ampliar las capacidades del ser humano físicas y mentales. Partiendo de la base que el organismo es una máquina simple que puede mejorarse con ciertos implantes y/o sustancias)
(4) Dessal El Inconsciente 3.0 pag. 51
(5) Ibid pág. 43
(6) Ibid pág. 38
(7) Silvia Bleichmar. La construcción del sujeto ético Pág. 47
(8) Byun-chul-han.La Agonía del Eros pag.11
(9) Harari 21 Lecciones para el siglo XXI Pág. 108
(10) Ibid pág. 109

Bibliografia

Barrero *Amalia -Humano nada más que humano* (en colab.) Cap. 1Ed. Letra Viva
Bbc mundo. *-Como es la vida de Chris Dancy, el hombre mas conectado del mundo*(2017)
Bleichmar S. *-La construccion del sujeto etico.* Parte I Ed. Paidos
Byun-chul han. *-La agonia del Eros* Ed. Herder
Viviremos como en un estado de guerra permanente. Art. La Vanguardia Cultura 2020
Derrida J. *-Estados de Animo del psicoanalisis.* Ed. Paidos
Dessal G. *-El inconciente 3.0* Ed. Woroi Edicions
Freud S. *-Inhibicion, sintoma y angustia.* Ed. Amorrortu libro XX
Malestar en la cultura. Ed. Amorrortu libro XXI
Harari Y. *-21 Lecciones para el siglo* XXI Ed. Debate
Zizek S. -Lacrimae Rerum: *Ensayos sobre cine moderno y ciberespacio.*Bs.As. A Argentina: Debate

Amalia Barrero

Lic. En Psicología. UBA 1980 Psicoanalista Miembro titular en función didáctica de la Asociación Psicoanalítica Argentina. Member de la International Psychoanalitical Association. Coordinadora grupo de investigación Relatos Clínicos (APA) Coordinadora de la subcomisión científica Permanencia y Cambio. Ser psicoanalista hoy (APA). Integrante del grupo de investigación Travesías (APA). Autora en colaboración del libro Humano, nada mas que humano (2017). Artículo Frente a la irrupción de un acting: una respuesta no calculada del analista. Rev. de APA Vol. 69
E-mail: amaliabarrero@gmail.com

Subjetividad en jaque: modos del sujeto, entre el prójimo y el semejante

Jorge E. Catelli

> *Jeder Engel ist schrecklich. Und dennoch, weh mir,*
> *ansing ich euch, fast tödliche Vögel der Seele,*
> *wissend um euch. Wohin sind die Tage Tobiae,*
> *da der Strahlendsten einer stand an der einfachen Haustür,*
> *zur Reise ein wenig verkleidet und schon nicht mehr furchtbar;*
> *(Jüngling dem Jüngling, wie er neugierig hinaussah).*
> *Träte der Erzengel jetzt, der gefährliche, hinter den Sternen*
> *eines Schrittes nur nieder und herwärts:*
> *hochaufschlagend erschlüg uns das eigene Herz. Wer seid ihr?*

> *Todo ángel es terrible. Y sin embargo, ¡ay de mí!,*
> *les canto, pájaros del alma casi mortíferos,*
> *sabiendo de ustedes. A dónde se fueron los días de Tobías,*
> *cuando el más brillante estaba parado en la sencilla puerta de*
> *entrada, un poco disfrazado para el viaje y ya no horrible (Del*
> *joven al joven, mirando con curiosidad). Si el arcángel ahora, el*
> *peligroso, bajara detrás de las estrellas de un solo paso hacia aquí:*
> *nuestro propio corazón golpea con fuerza. ¿Quiénes sois?*[1]
> Rainer Maria Rilke, 1923

1. Del búho "hegeliano" de Minerva a otras miradas.

> *[...] el hilo que puede ligarnos de esta ma-*
> *nera con la Aufklärung no es la fidelidad a*
> *unos elementos de doctrina, sino más bien*
> *la reactivación permanente de una actitud;*
> *es decir, de un ethos [...] como crítica*
> *permanente de nuestro ser histórico*
> M. Foucault, 2001a, p. 1.390).

---

[1]   Traducción del autor

A poco de comenzar la pandemia de COVID-19, comenzaron a llegar también las demandas en relación con pensar de qué se trataba lo que estábamos viviendo, de qué modo poder comprender algo fuera de cierto alcance de comprensión que, paulatinamente, iba abrumando al globo entero, con una pertinaz incidencia y con decisiones a nivel de los Estados que alteraban el funcionamiento de las naciones y sus gentes. Las demandas no tardaron en multiplicarse, desde los consultorios con la singularidad de cada sujeto, preguntándose desde sus estructuras psíquicas acerca de lo que iba sucediendo, hasta los medios de comunicación, que apelaban a filósofos de turno, psicólogos, psicoanalistas y a cuanto biólogo y epidemiólogo pudiese ofrecer alguna respuesta a tal incertidumbre. Por aquellos momentos, sufrí un doble golpe. Darme cuenta que estaba "en el mismo barco" que mis analizantes, angustiados por los sucesos del momento y, a la vez, darme cuenta que "no estaba en el mismo barco". Así fue cómo en un encuentro telemático con una querida amiga y compañera de investigaciones en Ciencias de la Educación, especialista en Sociología de la Educación[2], se me ocurrió recurrir a aquélla sentencia "estamos todos en el mismo barco", refiriéndome a la pandemia y a la situación compleja que nos estaba tocando vivir a nivel global. Casi sin dejarme respirar, me respondió de un solo saque: "estaremos en el mismo mar, pero seguro que no en el mismo barco", dándole hondura y lectura a mi pobre e impensada metáfora, con la remanida sentencia. "En este mar, algunos estamos en un yate, otros en un bote, algunos pocos en un transatlántico y muchos abrazados a una tabla, intentando no ahogarse". La amorosa bofetada fue esclarecedora para incluir la dimensión de la diferencia: una diferencia de recursos simbólicos, de recursos sociales, económicos, psíquicos y culturales que no permitían ajustarse al "lo mismo" de ese barco al que me había referido ligeramente.

Así comencé a darme cuenta que la propia escisión constitutiva me permitía pensarme y pensarnos como sujetos,

---

[2] Gracias, querida Carina Kaplan por ofrecerme nuevas metáforas para pensar

como sociedad y como especie hablante, con los recursos con los que pienso, trabajo, investigo, enseño y estudio: los del psicoanálisis. Fue entonces que empecé a pensar qué contribución podría aportar el psicoanálisis en medio de la marejada de vivencias encontradas, riesgos de muerte, grupos de riesgo y otras variedades de dolorosas representaciones que se nos fueron imponiendo desde los medios y las fuentes de información acerca de lo que estaba ocurriendo.

No pude evitar comenzar a escribir. Leí todo lo que estaba a mi alcance y comencé a escuchar las voces de renombrados filósofos europeos, psicoanalistas y otros intelectuales que despertaban en mí todo tipo de impacto. Con algunos me identificaba en sus postulaciones, dudas y hasta sospechas; con otros no tanto. También accedí a las demandas de variados medios de comunicación para dar cierta lectura que me parecía importante hacer llegar a quienes pudiesen escuchar, respecto de "pensar lo que ocurría". No tardaron en acercarse los amigos que -directa o indirectamente- cuestionaban mi efusiva productividad en relación con estas temáticas, bajo la idea de "no poder pensar hasta que todo pasara" o bien, de cierta "prudencia intelectual" para poder referirse a los hechos y pensarlos luego de haber ocurrido. Este cuestionamiento me hizo pensar ineludiblemente en aquélla reflexión de Hegel acerca del búho de Minerva: «*die Eule der Minerva beginnt erst mit der einbrechenden Dämmerung ihren Flug*» ("la lechuza de Minerva comienza su vuelo recién cuando cae el anochecer"[3]). Esta sentencia suele interpretarse como una advertencia: que no se deberían abordar los hechos -desde la filosofía, claro- hasta que éstos no hayan transcurrido íntegramente. Mi asociación siguiente fue en relación con nuestro "búho prescriptor" de la *Nachträglichkeit*, como ese segundo tiempo del 'a posteriori' como un *danach* que permita reconsiderar aquél suceso del primer tiempo. Y a la vez, no podía dejar de pensar que esa misma *Nachträglichkeit* es a cada paso, a cada instante, incluso ahora, revisando mis propias ideas de hace casi un año y el riesgo obsesivo de procrastinar al reflexión y el uso

---

[3] Traducción del autor.

de nuestra herramienta, en un contexto en que lo sentía necesario. También evoqué la figura de Freud, escribiendo su metapsicología en plena guerra del catorce y con los hijos en el frente de batalla. No retrocedió con prudencia a la escritura y la reflexión, si bien no era sobre la primera guerra, sino sobre las batallas libradas contra la represión, contra las neurosis, en un contexto con interlocutores complejos, escribiendo acerca de las pulsiones y lo inconsciente en juego.

Preferí entonces, quedarme con la idea de la "ontología del presente", en términos de Foucault, en relación con poder dar lugar a la reflexión, en mi caso psicoanalítica y la escritura, en relación con un tiempo y una época que nos interpela de modo imperativo y conmovedor. Preferí pensar con otros, compartir mis pensamientos, los modos de encarar lo que estaba sucediendo y publiqué capítulos en libros editados por queridos colegas amigos, en diarios, periódicos, revistas científicas y de divulgación, en programas de medios masivos de difusión. Fue un riesgo alto y con un costo no menor, porque tal como la palabra abre la dimensión significante, esos decires siempre interpelan y despiertan una inquietud. Es la inquietud de la vida así como la "inquietud de sí", que también hice circular y me interesó como idea, para intentar poner a jugar desde mi lugar, con los otros.

2. Segundo tiempo: de Agamben a Recalcati

> *De modo que los cambios que la epidemia nos impone no sólo serán medidas temporales, sino que alterarán inevitablemente nuestra vida colectiva. Por lo tanto se abre una nueva angustia, la más actual: la verdadera constricción no es más la de la reclusión, sino aquella de la necesaria convivencia con el virus.*
> Massimo Recalcati, 2020

Giorgio Agamben y Slavoj Zizek fueron de los primeros en salir a hablar. En febrero de 2020 ya se habían pronunciado. Por un buen tiempo me gustó lo planteado por Agamben: coincidía con una lectura desde cierta sospecha. Creo que comenzó acusando a los gobiernos -en principio el italiano-

de algo así como "inventar una pandemia", cuestionando de esta manera el estado de excepción. Fue subiendo la apuesta con un tema que me es particularmente caro: *el del prójimo,* que vengo investigando a lo largo de unos cuantos años, desde diversas perspectivas, en particular, la de la identificación. La idea enarbolada fue la "abolición del prójimo"; ese sintagma tenía un cierto encanto respecto de la articulación del contacto con los otros y el lazo social, en relación con las deliberaciones.

A posteriori me di cuenta de que no se trataba en aquél caso de una "ontología del presente", sino más bien de otra cosa. Me ayudó la lectura que hizo de él Massimo Recalcati, a quien tuve oportunidad de escuchar en el Symposium de la Asociación Psicoanalítica Argentina a fin de 2020. Dio vuelta la lectura de Agamben respecto del encierro y el control, reinterpretando la situación en relación con un acto de libertad. Del mismo modo cuestionó las interpretaciones "prêt-à-porter" que muchos psicoanalistas balbuceaban en relación con los "tapabocas", subrayando la opacidad del sujeto, en relación con el significante.

Me pareció entender -y esto ya fue mi modo de llegada "entre la cita y el enigma"- a una respuesta que avanzaba con más Foucault, respecto del que Agamben blandía, ahora con una referencia indirecta respecto de una convocatoria a la subjetividad, cuya autonomía podría situarse en relación con la actitud crítica que se pueda sostener ante los conocimientos y tecnologías que modelan. Quedaba indirectamente citada la articulación de la libertad con un ethos. O directamente, en relación con que [...] *"La crítica dirá, en suma, que nuestra libertad se juega [...] en la idea que nos hacemos de nuestro conocimiento y de sus límites"* (Foucault, 2007, p. 13).

Tal como decía en otro lugar (Catelli 2020f) de un momento a otro ingresamos en una serie distópica, digna de las mejores de las plataformas actuales de series y películas. La COVID-19 irrumpió y produjo efectos a nivel global, que trastocaron la escena mundial.

Estamos viviendo un período histórico especialmente

singular, en relación con la pandemia que nos está tocando atravesar como sujetos, en nuestra singularidad, y como especie. La evidente transformación política y del mundo a la que estamos asistiendo, revela una vez más la inequidad y la profundidad de asimetrías entre los estados y sus pueblos. La emergencia angustiante empujó la aparición y refuerzo de repudios varios a quienes encarnaron de modo renovado al "extranjero".

Desde otra perspectiva, los cuerpos volvieron a quedar cada vez en un mayor primer plano, como bastiones sitiados del biopoder y renovados objetos de la biopolítica, (Foucault 1972, 1976) siendo nuestras casas las nuevas celdas del célebre panóptico de Bentham, (Foucault, 1975; Bentham, 1780). Recalcati, tal como referí supra, da vuelta esta propuesta y triangula indirectamente la crítica con el ethos y la libertad. La convocatoria masiva desde el poder en su biocontrol es, sin embargo, eficaz en el desarme de la colectivización, la instalación de la sospecha respecto del otro, la estimulación de la denuncia y la vigilancia cada vez más aguda de las poblaciones.

3. La subjetividad: modos de darse del sujeto, entre el prójimo y el semejante

"La primera angustia fue persecutoria: el miedo al contagio, la enfermedad y sus riesgos. Si el peligro del contagio está potencialmente por todas partes, ha sido necesario el distanciamiento social para detener su presencia intrusiva. Mi prójimo se ha revelado -no por motivos ideológicos, sino científicos- como un peligro, reactivando el miedo arcaico hacia lo extraño y desconocido."

Massimo Recalcati, 2020

Nuevamente surgen, estimulados por las estigmatizaciones y la violencia inherente al ser humano, la desconfianza ante quien está del otro lado del "river". Así se distinguía en algún tiempo medieval quién era "de los propios" y quién era un "rival". (Cf. Catelli, 2016b, 2020f)

La experiencia con el semejante, siguiendo los lineamientos de pensamiento de Freud (1950a), puede ser comprendida como lo que se constituye con una acción inaugural (aquella tan mentada *"nueva acción psíquica"*: la salida del encierro narcisista, el reconocimiento del otro, la empatía y la comprensión del sujeto en ciernes, para dar lugar a su constitución. (Cf. Catelli, 2014)

Aquella afirmación freudiana acerca del sufrimiento (1930), que *"nos amenaza por tres lados"*, pareciera cobrar un renovado sentido, en la intersección de esas tres fuentes: el propio cuerpo, el mundo exterior y las relaciones con otros seres humanos. La vivencia de un cuerpo frágil, amenazado por la posibilidad de hospedar a un virus que inocula un programa "informático" certero y enfermante, respecto del que hay que defenderse, porque proviene de un mundo exterior peligroso, constituido justamente por los otros seres humanos, que repentinamente se erigen como potenciales transmisores de la peste, cobra renovada intensidad y presencia cotidiana. La angustia que da señales, anticipándose al peligro, comienza a presentarse en un modo continuo y agobiante. Este *miedo* [Angst] ahora está un poco más alertado, ante la proximidad de los otros. Es el último factor referido, "los otros seres humanos", el que es planteado por Freud como "el sufrimiento [que] quizá nos sea más doloroso que cualquier otro".

Tal como vengo planteando anteriormente, a partir de investigaciones en el tema (Catelli 2009b, 2016b, 2019a, 2020f) como "vecino" es la palabra que usamos para designar a la persona que vive en el mismo barrio o aquellas cosas que están cerca, nuestro vecino es aquel que habita una vivienda cercana a la nuestra y las ciudades vecinas son aquellas que están situadas en los alrededores de la propia. Del latín, vicinus, dio lugar a *voisin* en francés, y en italiano, a *vicino* (cercano). En alemán, desde el *Mittelhochdeutsch* y *Althochdeutsch* (Medio alto alemán y antiguo alto alemán), surge el término *Nachbar*, de donde proviene el *neighbour. Nach* es el siguiente, el próximo, el *Nachbar*, es como *neighbour*, aquél que está a continuación, al lado, cerca. Cada uno sabe cuántos problemas podemos tener con los vecinos y todos los sufrimientos que pueden y suelen provenir de esos vínculos con esos otros seres humanos, junto también, con la potencial solidaridad, cercanía y lazo social. El vecino puede oficiar de representante de ese *semejante* (símil) en quien reencontrar algo conocido, solidario y amable, que puede despertar el deseo de cercanía que define ese lazo social – una dimensión del *"Nebenmensch"*-; o bien representar al *prójimo*, (próximo pero ajeno) en tanto el extranjero temido, algo del desconocido que despierta el terror del encuentro con lo irreductible de "lo otro del otro" –otra dimensión de aquél *"Nebenmensch"*[*]- que despierta el narcisismo de las pequeñas diferencias. (Cf. Catelli 2019a y 2019b)

La presencia amenazante de la COVID-19 soportado por el cuerpo de los otros, potencia la peligrosidad de éstos, con lo cual surge la primera respuesta: defenderse del otro. Esta respuesta es también un modo de defensa ante los cuerpos que impactan con la sexualidad. Muerte y sexualidad, nuevamente enlazadas en los bordes de una intersección, más allá de toda posibilidad de ser representada en su atravesamiento. La confusión y el desplazamiento comienzan entonces a estar legitimados.

Casi en simultáneo a la llamada "gripe española", Freud (1918a) cita un trabajo de 1902 de Ernest Crawley, quien con expresiones que difieren poco de la terminología empleada por el psicoanálisis, señala que cada individuo se separa de los demás mediante lo que él llama un "taboo of personal isolation" {«tabú de aislamiento personal»} y que justamente, en sus pequeñas diferencias, no obstante, su semejanza, en todo el resto, se fundamentan los sentimientos de ajenidad y hostilidad entre ellos. En este sentido, se puede tomar la figura del "prójimo", en su dimensión de ajenidad, ¡y respecto del cual hay que aislarse! (Cf. Zizek, 2010)

Surge entonces, creo que necesariamente, la pregunta acerca de cómo pasar de "cuidarse del otro" a "cuidarse con los otros"; tal vez se trate de cómo jugar una nueva partida,

---

[*] En alemán "Neben" al lado cercano y "Mensh" ser humano, vale decir el ser humano cercano, el prójimo (que también es el semejante).

en relación con la ajenidad ante el pecho esquivo, que aquél lactante no pudo reconocer hasta que un cambio repentino, tal vez un mínimo movimiento, le permitió reconocerlo.

4. De los bárbaros, las otras lenguas y la lengua del Otro: la clínica en jaque

"Sobre el prójimo, entonces,
aprende el ser humano a discernir"
S. Freud, 1895, p. 379.

Desde hace unos cuantos años comencé el trabajo "a distancia", en una suerte de consultorio sui generis, que había comenzado del mismo modo en mi hospedaje universitario en la ciudad de Munich, cuando hace más de veinticinco años, me encontraba, llevando a cabo estudios de posgrado en aquélla ciudad.

Si el llamado queda definido a posteriori por la respuesta de quien responde al grito, el golpear atribulado a mi puerta pidiendo ayuda, tuvo una curiosa resignificación tiempo después. Y aún hoy al reescribir aquélla situación. Se trataba de un pedido de auxilio, para intervenir en una bizarra situación de amenaza de suicidio de otro de los huéspedes de ese Campus.

Se trataba efectivamente de un querido compañero griego, ahora viviendo en aquél edificio en común, que -tal vez a condición de la diferencia de edad, y siendo yo el único profesional graduado y más "viejo" a los veintipico de años, de esa comunidad- había desplegado ciertas transferencias imaginarias, recuperándolo a posteriori, por un rasgo semejante, "ser también del sur". En aquél entonces, "extrañar el clima", "odiar la nieve en el calzado" y soñar una y otra vez con los mares azules de su Grecia natal, eran tema permanente de conversación.

---

[4] En este punto quiero agradecer y evocar a Roberto Julio Rusconi, maestro, colega y amigo querido, quien me hiciera conocer el origen de este término, en las épocas en que era adjunto de su seminario en el Instituto de Psicoanálisis "Ángel Garma", de la Asociación Psicoanalítica Argentina, entre los años 2011 y 2016, despertándome el interés y el entusiasmo para ahondar el tema

Justamente los griegos, pero de la Antigua Grecia, llamaban *bárbaros* a quienes balbuceaban un "bar-bar" ajeno a la propia lengua[4]. Se trata de un exónimo intensamente peyorativo (βάρβαρος) que, marca la distancia con aquél que no habla la lengua propia. Ese exónimo, bajo tales circunstancias, nos reunía: ambos éramos extranjeros en aquéllas tierras.

Luego de resolver aquella situación de intento de pasaje al acto, luego de haber podido aferrarse a algo de un discurso compartido y de haber literalmente "abierto las puertas", pude recibirlo en un improvisado consultorio armado en aquel edificio, en que tuvimos una serie de conversaciones que fueron transformándose en sesiones psicoanalíticas. Finalmente regresé a Buenos Aires, mientras que él siguió en Alemania, con la perspectiva de continuar con los proyectos, aún por aquél entonces, ajenos a su deseo, de los negocios de su familia en aquél país.

Intenté varias veces derivaciones que resultaron fallidas, con colegas en los que yo mismo no confiaba, tal vez por ser desconocidos, derivados por conocidos de colegas de colegas, por mi propia resistencia e incluso por mi propia "contratransferencia", como a muchos les gusta llamar. Unos meses más tarde recibí una carta, aquéllas que se escribían en papel y se enviaban por correo postal, en que me proponía llamar telefónicamente a un teléfono que él aún no tenía, para volver a hablar conmigo. Los correos electrónicos eran aún un proyecto que probaban algunos. Era la era del fax. Sin haber cedido a llamar a ese teléfono que me había enviado en la carta -seguramente por mi propia dificultad resistencial- le hice llegar el teléfono y los horarios en que podría llamarme. Y así ocurrió unos diez días después de haber arrojado mi carta dentro de ese objeto de fundición de hierro, de las esquinas porteñas -lo único que por "buzón" se entendía por aquél entonces- al menos en relación con las cartas.

Con extrañeza, con cierta creencia superyoica de estar intentando algo que no estaba permitido por la ortodoxia psicoanalítica -que de hecho no lo estaba- y aún sin saber-

lo, comencé mi primer tratamiento psicoanalítico telemático. Era un tratamiento complejo por las razones formales
de no ser en mi lengua materna, y a la vez, relativamente
sencillo, por no tratarse tampoco de la lengua materna del
otro. Su acento en alemán era muy similar al mío, porque el
español rioplatense tiene la cadencia bastante parecida y la
pronunciación de las consonantes cercanas a las del griego
actual. Era otra tierra en común: la de un idioma que visi-
tábamos para encontrarnos, o ir a ese desencuentro, con el
horizonte de esa nueva imposibilidad, con un acento similar
y con errores de declinaciones que nos perdonábamos mutuamente para avanzar en el desciframiento de sus situaciones inconscientes que eran políglotas y estaban llenas de
lágrimas y sentidos sollozos que dificultaban sus frases y
mi esfuerzo por acceder a aquellos sintagmas llorados. Pero
también sabíamos ambos -lo habíamos compartido mucho
antes en nuestros intercambios iniciales- que reiteradas veces soñábamos en esa lengua en que hablábamos todo el
tiempo y no era la nuestra.

Desde ese momento se fueron sucediendo diversas circunstancias que me fueron llevando a conducir tratamientos
a distancia, por la misma vía telefónica, que posteriormente
fueron sofisticándose por redes de fibra óptica y plataformas que fui paulatinamente haciendo familiares en su uso.
Siempre, desde aquella situación primera, que tampoco era
primera, por motivos vinculados a migraciones familiares
varias, necesité mucha concentración en mis sesiones a distancia, tener ciertas condiciones particularmente acentua-
das, en cuanto al silencio y comodidad, tal como en mis sesiones presenciales, pero aún más. Había un plus -tal vez de
goce- en ese "a distancia", que era necesario sostener para
que no creciera demasiado mi propia angustia ante la realidad de mis pacientes a miles de kilómetros de distancia.
Sentir que el otro "se estaba desangrando en una hemorra-
gia interna de angustia" y yo a una distancia medida en muchas horas de vuelo, era una representación perturbadora
que debía reinterpretar una y otra vez para comprender los

materiales y poder intervenir, disolviendo -a menos en parte-mi propio costo de angustia.

Todo era -visto desde hoy, en perspectiva de *"Nachträglichkeit"*-, una gran preparación y entrenamiento para mis sesiones de estos tiempos, en la nueva época de la COVID-19. A casi un año de pandemia, sigo trabajando con mis pacientes que viven a poquitas cuadras, como con aquellos que están a varios miles de kilómetros: nos saludamos con la cámara, habiendo acordado un cierto encuadre a la distancia, mi paciente se ubica en un lugar también cómodo, privado y apagamos las cámaras. Al menos la mía, seguro. Tal como advertía Freud, me agoto ante la mirada permanente del analizante, quien me deja permanentemente escrutado, como el paciente que no puede dejar de darse vuelta en el diván. Claro que esto es -como casi todo en el análisis- del orden de la singularidad: algunos me piden verme más tiempo, otros llaman directamente sin cámara, algunos muestran las resistencias y sus escenarios transferenciales en olvidos propios de las mejores expresiones inconscientes, con teléfonos sin carga, cables de carga olvidados y otras delicias de las tecnologías y su castración, con la que también en estos territorios, nos vamos encontrando y haciendo tejidos diversos.

Hay pacientes que transfieren la frustración y el enojo de modo directo y sin escalas. El virus de la transferencia sigue contagioso, activo y duradero. Tanto como la aparición sorpresiva del sujeto, a quien tantas veces salimos infructuosamente a buscar, o bien -en el mejor de los casos- esperamos con mayor o menor paciencia, advertidos de que aparecerá allí donde no lo esperamos, como en la vieja metáfora del tero, que grita allí donde está lejos de su nido. Esto parecería que no excluye el factor tridimensional del cuerpo en el análisis. Tal vez sea ésta una buena advertencia para recordar también en tiempos de encuentros presenciales... a ver si creemos que el sujeto sí está allí cuando viene con "soporte cuerpo".

Algunos pacientes insisten en "no poder" por las vías digitales, a distancia. Otros "no querer", como un sintagma determinado y cristalizado por un supuesto sujeto aparentemente unificado. Es ahí que se me van ocurriendo en cada caso, cosas diversas.

En algunos casos, envío un mensajito *"entre la cita y el enigma"*, leyendo las últimas asociaciones escritas en el WhatsApp, en su hora vacía, o más bien llena de silencio: *"Va por ahí?"* le escribí a una de las pacientes ausentes. E inmediatamente me respondió "quéeeeeeeeeee?!!!" "te equivocaste de persona?!?!?!". Yo permanecí online, permitiendo que vea mis tildes azules, para que supiese que estaba ahí, leyéndola. Ella también seguía ahí, "en línea" y en silencio. Soportamos unos cinco minutos así. Yo la imaginaba mirando la pantallita. Hasta que me escribió un "?". Entonces me pareció adecuado ir a buscar la pregunta, ir a buscar a mi paciente, no sin la emoción de quien se alivia de que el otro *pareciera* que llegó a la cita, y activé entonces el telefonito de la pantalla para llamarla. Tardó muchos llamados en responder. Entonces comenzó a hablar.

En otra circunstancia aún más reciente, un paciente de diecinueve años, a quien atiendo desde hace no más de un año, desde poco antes de la irrupción de la pandemia, se comunica telefónicamente en una de las ya habituales sesiones "a distancia" y dice con cierto orgullo (¿superyoico?) "En la costa nos contagiamos todos. No quedó nadie sin corona." (Cf. Catelli 2021b)

Unos "reyes totales" - intervine-

"Es que estábamos solos y nos íbamos reuniendo de los distintos grupos: de Pinamar, de Villa Gesell, de Mar de las Pampas, de Cariló[5]… Íbamos rotando de un lado a otro y cuando ya no sabíamos adónde ir, cambiábamos de rumbo. Siempre había amigos en todos lados, pero todos la teníamos clara: a nosotros no nos iban a tapar la boca."

"¿quién les quería tapar la boca?"

---

[5] Todas éstas, ciudades balnearias del Partido de la Costa de la Provincia de Buenos Aires, en Argentina, a las que, a causa de la complejidad para tener otros destinos vacacionales en el verano de 2021, se han volcado las personas a pasar vacaciones de verano, en particular los jóvenes, ante los primeros permisos para abandonar el ASPO (aislamiento social preventivo obligatorio), luego de muchos meses.

"Los mismos de siempre, los que nos dicen cómo debemos ser y qué tenemos que hacer. Si los viejos tienen miedo, que se cuiden ellos"

En este punto, el paciente estaba haciendo una referencia a una línea de su trabajo en análisis, en relación con figuras parentales, superyoicas y arrasadoras de su deseo singular, no sin estar articulada con sus deseos parricidas. Tales figuras, a lo largo del tiempo, se habían encargado de ser agentes de ciertos sometimientos cruciales, para lo que luego fue la formación de síntomas, que lo condujeron al tratamiento psicoanalítico.

El falso enlace entre el otro "sometedor y tapabocas" y el "otro del cuidado" facilitaron "los engaños del superyó" -parafraseando a Ángel Garma (1966)- confundidos en una acción permanente, insistente y masoquista, no sin revelar una convocatoria ostensible y de diversos modos, a ese conglomerado representacional que adquiere para el analizante el Otro.

Nuevas vestiduras para poner en jaque una subjetividad, expresando aquéllas, los antiguos componentes masoquistas que en esta época encuentran esa modalidad posible de ponerse en acto. El virus central sigue siendo en nuestro territorio psicoanalítico, aún con la irrupción de este elemento intrusivo real, la palabra, la encarnadura en transferencia, esa otra escena en que se revelan los modos de darse el sujeto, a la espera de ser interpretados.

5. Tiempo de concluir y de abrir nuevas preguntas.

"Caminó contra los jirones de fuego. Éstos no mordieron su carne, éstos lo acariciaron y lo inundaron sin calor y sin combustión. Con alivio, con humillación, con terror, comprendió que él también era una apariencia, que otro estaba soñándolo."

Jorge Luis Borges, 1944

La humanidad toda ha quedado en jaque y aún así, sigue avanzando en su lucha por la autoconservación y supervivencia. La subjetividad vuelve a irrumpir en ese entramado de prácticas, discursos, ideales, deseos y prohibiciones, en el enclave socio histórico, de época, en que se dá el sujeto. Este momento histórico ha puesto en una nueva encrucijada a los sujetos, y como tales, sus modos de darse en este nuevo contexto.

Vuelve una y otra vez la pregunta acerca del sujeto y en dónde aparece. Así como el sujeto no aparece necesariamente allí, en el lugar al que acude presencialmente el analizante para recostarse en el diván, una vez más hemos descubierto que "el consultorio" no se trata solamente de ese lugar entre paredes en que recibimos a las personas que nos consultan y con quienes trabajamos –o en términos de hoy- *en que hemos trabajado mayoritariamente, sosteniendo nuestra práctica clínica*". Y otra apertura a la pregunta respecto de dónde está nuestro consultorio, pareciera ser sostenida por la idea de que nuestros consultorios están en nuestras palabras reverberantes que llegan al otro, en nuestros silencios que hacen de caja de resonancia de las palabras de quienes nos consultan, en el encuentro siempre fallido y -una vez más- en el sostenido deseo del analista.

La posibilidad del lazo a través de las tecnologías con que hoy contamos, se va constituyendo en una posibilidad de escribir una nueva narrativa histórica, que tal vez pueda ser un hito para un nuevo reconocimiento de la significatividad de la palabra plena, confrontando al sujeto con su propia indefensión y vulnerabilidad, tal vez para hacerlo un poco más dueño de su descentramiento, pequeñez e inermidad, más liberado de la ilusión aplastante y más cercano a un posible logos por cuyos intersticios sea factible la apuesta por alguna libertad.

marzo de 2021

Bibliografía consultada y referida

- Bentham, Jeremy, (1780) *Le panoptique, précédé de L'oeil du pouvoir, entretien avec Michel Foucault*, Broche, 1977.
- Borges, Jorge Luis, (1944), *Las ruinas circulares, en Ficciones*. Penguin Random House Grupo Editorial LLC, 2017
- Catelli, Jorge Eduardo, (1989) *La identificación en la histeria*. Inédito. Trabajo presentado en las jornadas anuales de la Cátedra de Psicopatología (Prof. Titular Mazzucca) en la Facultad de Psicología, Universidad de Buenos Aires.
___ (2009a) *Algunas consideraciones sobre el juicio adverso y las sobredeterminaciones inconscientes: la „Verurteilung" y la „Urteilsverwerfung"* en la obra de Sigmund Freud. Inédito
___ (2009b), *Duelo o melancolía: acerca de la incorporación oral y la identificación*, inédito.
___ (2014). "Puntualizaciones sobre el narcisismo, cien años después" en *Revista de Psicoanálisis*, diciembre de 2014, Tomo LXXI, N° 4. Ed. Asociación Psicoanalítica Argentina.
___ (2016a) Acerca de los desbordes: *historia de una lactancia prolongada... por veintitrés años*. Inédito, Trabajo presentado en el CAPX, Congreso Argentino de Psicoanálisis organizado por FEPAL, Federación Psicoanalítica de América Latina, realizado en la Facultad de Derecho de la Universidad de Buenos Aires, 25 al 28 de mayo de 2016.
___ (2016b) *El prójimo y el semejante: de la constitución del aparato psíquico y los destinos de la pulsión*. Inédito, Trabajo presentado en el CAPX, Congreso Argentino de Psicoanálisis organizado por FEPAL, Federación Psicoanalítica de América Latina, realizado en la Facultad de Derecho de la Universidad de Buenos Aires, 25 al 28 de mayo de 2016.
___ (2019a) *Consideraciones acerca de ciertas paradojas en la conceptualización de la identificación, en la constitución del aparato psíquico*. (Inédito)
___ (2019b) *Dos modelos de funcionamiento del aparato psíquico, en una paciente con conductas bulímicas, a lo largo de su tratamiento psicoanalítico* (Inédito)
___ (2020f) *Testimonio de una práctica, para volver a pensar las coordenadas del sujeto*, en "Catz, Hilda (Ed.) 2020, Las redes humanas, lo humano de las redes", Ricardo Vergara Ediciones, Buenos Aires. (pp. 71 - 83)

___ (2021b) *Adolescencias, cuidado de sí y conductas de riesgo. Reflexiones psicoanalíticas sobre la travesía adolescente en época de pandemia,* en "Zusman de Arbiser, Sara (Ed), 2021, Relatos de la práctica psicoanalítica. Transmitiendo experiencias", Ricardo Vergara Ediciones, Buenos Aires.

- Catelli, Jorge E. et al. (1997). *Qué padre en las adicciones o acerca de una iniciación imposible. En El padre y l/a mujer.* Buenos Aires, Ed. Atuel.

- Catelli, J. E. y Zaefferer,T. (2013). *El dolor a partir de la constitución melancólica del aparato psíquico.* Revista de Psicoanálisis de la Asociación Psicoanalítica Argentina, marzo de 2013, Tomo LXX, N° 1, Ed. Asociación Psicoanalítica Argentina.

- Crawley, Ernest (1902), *The Mystic Rose. A study of primitive marriage.* Londres, 1927

- Foucault, Michel, Enfermedad mental y personalidad, (1953), Trad. Emma Kestelboim, Barcelona: Paidós, 1991, 122 p.

________, *El orden del discurso*, (1971), trad. Alberto González Troyano, Barcelona: Tusquets, 2002, 76 p.

________, Un diálogo sobre el Poder, (1972), trad. Miguel Morey, Madrid; alianza editorial, 2000, 164 p.

________, Vigilar y castigar, (1975), trad. Aurelio Garzón del Camino, México D. F: Siglo XXI, 1998, 314 p.

________, Historia de la sexualidad, voluntad de saber, (1976), trad. Ulises Guiñazú, México: siglo XXI, 1986, 194 p

________, (1976-1988): *Dits et Écrits II* – Paris : Quarto Gallimard, 2001a.

________, Sobre la Ilustración – 2a ed. Traducción de Javier de la Higuera, Eduardo Bello y Antonio Campillo. Madrid : Tecnos, 2007.

- Freud, S., (1900a [1899]): La interpretación de los sueños. AE, 4 y 5.

___ (1900a [1899]): Die Traundeutung. SA II.

___ (1912-13): Tótem y Tabú. AE, 13.

___ (1914c): Introducción del narcisismo. AE, 14.

___ (1914c): Zur Einführung des Narzismus. SA, III.

___ (1915c): Pulsiones y destinos de pulsión. AE, 14.

___ (1916a [1915]): La transitoriedad. AE, 14.

___ (1917e [1915]): Duelo y melancolía. AE, 14.

___ (1917e [1915]): Trauer und Melancholie. SA, III.

___ (1917e [1915]): Mourning and Melancholia. SE, 19, Hogarth Press, London, 2003

___ (1918a [1917]) El tabú de la virginidad (Contribuciones a la psicología del amor, III)»

___ (1921c): Psicología de las masas y análisis del yo. AE, 18.

___ (1921c): Massenpsychologie und Ich-Analyse. SA, IX.

___ (1923b): El yo y el ello. AE, 19.

___ (1923b): Das Ich und das Es, SA, III.

___ (1924c): El problema económico del masoquismo, AE, 19.

___ (1926d [1925]): Inhibición, síntoma y angustia. AE, 20.

___ (1930 [1929]): El malestar en la cultura. AE, 21.

___ (1939a [1934-38]): Moisés y la religión monoteísta. AE, 23

___ (1950a [1887-1902]): Manuscrito G. Melancolía. AE, 1.

___ (1950a [1887-1902]): Manuscrito E. ¿Cómo se genera la angustia? AE, 1

___ (1950a [1887-1902]): Manuscrito L. [Anotaciones I], AE, 1

___ (1950a [1887-1902]): Manuscrito N [Anotaciones III]. AE, 1

___ (1950a [1895]): Proyecto de psicología, AE, 1.

- Garma, Á. y E. (1966). "Reacciones maníacas: alegría masoquista del yo por el triunfo mediante engaños, del superyó" en A. Rascovsky y D. Liberman (comps.): Psicoanálisis de la manía y psicopatía, Paidós, Buenos Aires.

- Hegel, Georg Wilhelm Friedrich, 1820: Grundlinien der Philosophie des Rechts. Werke. Band 7, Frankfurt a. M. 1979, S. 11.

- Recalcati, Massimo, (12/04/2020) editorial publicada originalmente en el diario italiano La Repubblica, "La curva dell'angoscia" traducida al español por Camilo E. Ramírez, con autorización del autor.

- Rilke, Rainer Maria, (1923) Duineser Elegien, Karl-Maria Guth, Berlin, 2016.

- Zizek, Santner y Reinhard, (2010). Tres indagaciones en teología política. Buenos Aires: Amorrortu Ed.

Jorge Eduardo Catelli

Psicoanalista - Profesor e investigador de la Universidad de Buenos Aires.
Full Member and Analyst Trainer de la Asociación Psicoanalítica Internacional (IPA).
Miembro Plenario de la Federación Psicoanalítica de América Latina (FEPAL).
Miembro Titular en Función Didáctica de la Asociación Psicoanalítica Argentina (APA).
Miembro del "Freudian Legacy Comitee" de la International Psychoanalytical Association (2019 - 2021).
Miembro del Equipo de Comunicación y Publicaciones de la Federación Psicoanalítica de América Latina (2021 - 2023).
Miembro de la Comisión de Comunicación de la Asociación Psicoanalítica Argentina (desde 2019).
Secretario de la Revista "La Época" APA online (desde 2020).
Miembro Co-fundador del Capítulo "Psicoanálisis y Educación" de la Asociación Psicoanalítica Argentina.
Co-fundador y co-coordinador general de las "Jornadas de Psicoanálisis y Educación APA - UBA".
Ex-miembro de la Comisión Directiva de la Asociación Psicoanalítica Argentina (2016 - 2020).
Miembro de Gea Centro de Supervisiones Clínicas.
Fundador del Departamento de Psicoanálisis y Educación de Gea Centro de Supervisiones Clínicas
Profesor Adjunto a Cargo de las materias "Psicología Psicoanalítica" y "Psicoanálisis y Educación", Departamento de Ciencias de la Educación, Facultad de Filosofía y Letras, UBA.
Jefe de Trabajos Prácticos Regular de las materias "Psicología General" y "Teorías Psicológicas de la Subjetividad", Departamento de Ciencias de la Educación, Facultad de Filosofía y Letras, (UBA).
Segundo Premio "Baranger-Mom" (Concurso Monografías 2009 - 2010) "otorgado por el Instituto Ángel Garma de la Asociación Psicoanalítica Argentina.
Mención Premio "Celes Ernesto Cárcamo" 2020, otorgado por la Asociación Psicoanalítica Argentina.
Autor de libros, capítulos y artículos psicoanalíticos en revistas científicas de psicoanálisis, psicología y psiquiatría, nacionales y extranjeras, en idioma español, inglés y alemán.
Autor de diversos artículos de difusión del psicoanálisis en relación con temáticas de actualidad para diversos medios de comunicación masiva.
E-mail: jorgecatelli@gmail.com

Del diván a la pantalla
Escenas de una clínica en pandemia

María Inés Mosquera

Introducción

Como bien sabemos, no se puede escribir la historia mientras está ocurriendo, pasado un tiempo y con cierta distancia podremos observar los cambios y las consecuencias de nuestra práctica durante la pandemia de COVID-19 y su consecuente aislamiento social preventivo y obligatorio. No obstante, intentaré pensar las realidades de algunos pacientes con mayor vulnerabilidad yoica que me llevan a interrogarme acerca del uso indiscriminado de la atención remota en tiempos de pandemia.

A pesar de haber conservado gran parte de mi práctica clínica de manera virtual, he podido observar que los pacientes con mayor déficit psíquico y/o realidades vitales más complicadas vieron dificultado su tratamiento. Aquellas personas con más recursos yoicos han transitado mejor la situación. En otros, el contexto actual desnudó aspectos deficitarios, que antes podían estar velados. Si bien la persona del analista es el dispositivo de trabajo, y eso se lleva a donde haya un analista en función, en estos casos encontramos serios obstáculos para lidiar con el distanciamiento.

Hablamos de pacientes con rigidez en el uso de los mecanismos de defensa, en los que prima el clivaje y los objetos son inestables. Habitualmente los pensamientos catastróficos se apoyan en un profundo sentimiento de desamparo, que se ve acentuado en estos momentos donde la realidad podría ser trágica. Las dificultades para sostener un sentimiento de identidad los lleva a graves trastornos en los vínculos interpersonales (confusión de identidad). En estas organizaciones psíquicas con un yo desorganizado, la pulsión tiende a la descarga en el soma y en el acto. Y prevalecen dos tipos de angustias: por un lado las angustias de separación y por el otro, las de intrusión. En algunos casos, esto dificulta el análisis virtual, ya que, dada la transferencia adhesiva a la que tienden estos pacientes, el analista puede ser sentido como distante, con falta de atención-contención, o bien intrusivo. En estos tiempos, la casa, el auto, hasta el baño de nuestros pacientes se han convertido en consultorios de campaña. También el analista puede sentirse invadido cuando no posee el espacio en su propia casa para poder crear un clima de intimidad.

Es importante ver cómo cada dupla (analista-paciente) puede adecuarse o no a la distancia física, que no necesariamente implica distancia emocional, pero muchas veces no favorece el surgimiento de un clima de intimidad. También es fundamental modificar el encuadre en función de las necesidades de cada paciente.

Hemos visto que muchas veces la realidad externa hace intromisión en la intimidad y privacidad de la sesión, por ejemplo a partir de las fallas tecnológicas o los problemas de conectividad. Por momentos, tiene lugar una deficiente o nula conexión, a veces por motivos ajenos a la dupla y otras como actuación resistencial de cualquiera de sus miembros, lo cual afecta la continuidad del relato y la escucha, y dificulta la posibilidad de mantener la atención flotante y la asociación libre. Los silencios en el consultorio, acompañados de gestos y posturas, que muestran al paciente que estamos ahí para él, no son equiparables a los silencios en el teléfono/pantalla, que muchas veces despiertan en el paciente fantasías de desinterés por parte del analista.

A partir de lo expuesto anteriormente, me propongo reflexionar acerca de lo traumático en tiempos de pandemia, y mostrar cómo esto, sumado a los cambios abruptos en el encuadre ha generado obstáculos en algunos tratamientos. Finalizaré el trabajo haciendo mención a ciertas experiencias clínicas y sueños en análisis a modo de ejemplo.

La pandemia como acontecimiento disruptivo

La pandemia fue sorpresiva para todos, analistas y pacientes. La realidad nos exigió acomodarnos a una situación nueva y desconocida por todos, con el agregado de la amenaza de muerte. La sesión, muchas veces se vio inundada por el relato angustioso de la realidad amenazante, promovido por el desborde de los medios de prensa, que de manera abrumadora y descontrolada, nos informaban sobre la cantidad de casos positivos, internaciones y muertes por el virus. Todo esto promueve vivencias persecutorias que llevan al yo a límites de sus defensas psíquicas.

Al recuperarnos del primer impacto, cada uno fue configurando un nuevo escenario. Los analistas y pacientes mayores de edad o con patologías previas se vieron más limitados y amenazados, ya que el riesgo de exponerse al virus podía tener consecuencias fatales para ellos.

Ahora bien, esta situación no es vivida por todos como traumática ¿Qué hace que una vivencia sea traumática o no? Sin lugar a dudas, la pandemia ha sido un acontecimiento disruptivo, pero en algunas personas el potencial disruptivo del acontecimiento lo convirtió en traumático, ya que ante la imposibilidad de anticiparlo, no hay desarrollo de angustia señal ni posibilidad de huida, solo queda atravesarlo. Estamos puestos en situación de tener que convivir con lo inestable e imprevisto. Algunos pacientes, por su propia patología, no pueden hacerlo. Se desestructuran y quedan inundados por la angustia, y es ahí donde la presencia del analista se hace fundamental, el analista en su singularidad, en el uno a uno con el paciente, no solo como pantalla que le permite al paciente proyectar en transferencia, sino con ese plus que implica la persona del analista, de este analista y no otro. (Dr. Norberto Marucco)

Para pensar estas cuestiones me parece fundamental revisar el concepto de trauma. Ignacio Lewkowitcz sostiene que: "... el trauma refiere a la suspensión del funcionamiento de una lógica por la irrupción de un término que le resulta intratable con sus recursos. Irrumpe un estímulo excesivo que no puede ser captado por los recursos previos. Por eso mismo ese estímulo tiene masividad y evidencia suficientes para imponer un tope al funcionamiento de la lógica en cuestión."[1] El autor emplea una interesante metáfora para graficar lo que el trauma genera en el psiquismo. Señala que podría equipararse a los efectos de una inundación que deja sin respuesta por su intensidad descomunal. En un primer momento el agua arrasa con todo; luego, la intensidad va cediendo y "todo parece regresar a su lugar... Trabajosamente, los lugares logran asimilar lo inundado. Asimilar, en sentido estricto, es la operación efectiva: transformar algo en semejante a uno."[2] Para estos pacientes, más vulnerables psíquicamente, la situación de pandemia y cuarentena tiene un resto que es inasimilable; desata una angustia primitiva y arcaica, que produce desorientación. Da lugar a una desestructuración de las prácticas que producían un sentido. "Por sobrevivir, sacrificamos voluntariamente todo lo que hace que valga la pena vivir"[3], afirma Byung Chul Han. Ese mundo que ha dado algún sentido para que vivir sea deseable entró en crisis. La amenaza permanece presente y obstaculiza la elaboración. En este punto, pienso que es importante diferenciar los efectos producidos por la pandemia de aquellos producidos por la cuarentena. La pandemia de COVID-19 llevó a las personas a sentirse en riesgo de muerte, mientras que la cuarentena, para "evitar esa muerte" trajo consigo conflictivas del orden del encierro, dificultades en la convivencia, trastornos de ansiedad, agresividad, etcetera. Las parejas y las familias no estaban preparadas para una convivencia de veinticuatro horas al día, compartiendo espacios de estudio, de trabajo y de ocio. Esto desgastó mucho las relaciones y aparecieron aspectos del otro que hasta el momento podían ser inadvertidos.

---

[1] Lewkowitcz, I. "Catástrofe: experiencia de una nominación" en *Pensar sin estado. La subjetividad en la era de la fluidez.*, Buenos Aires, Ed. Paidós, 2006, p.152.

[2] *Ibid.*

[3] https://www.lavanguardia.com/cultura/20200512/481122883308/byung-chul-han-viviremos-como-en-un-estado-de-guerra-permanente.html

En *"Más allá del principio de placer"* y en relación con las neurosis traumáticas, Freud señala "...que el centro de gravedad de la causación parece situarse en el factor de la sorpresa, en el terror."[4] También diferencia los términos terror, miedo y angustia en su relación con el peligro, y afirma que "la angustia designa cierto estado como de expectativa frente al peligro y preparación para él [...]; el miedo requiere un objeto determinado en presencia del cual uno lo siente; en cambio, se llama terror al estado en que se cae cuando se corre un peligro sin estar preparado: destaca el factor de la sorpresa..."[5] El terror se desata frente a la percepción sorpresiva por parte del sujeto de que lo temido es el surgimiento de un "factor traumático" que no puede ser tramitado por el aparato. Añade Freud: "Solo la magnitud de la suma de excitación convierte a una impresión en factor traumático, paraliza la operación del principio de placer, confiere su significatividad a la situación de peligro."[6]

Freud establece una clara diferencia entre angustia realista y angustia neurótica, según de donde venga la amenaza; en la primera el yo se siente incapaz de tramitar un peligro que viene de afuera y en la segunda la sensación de incapacidad es la misma, pero referida a un peligro pulsional. Ante un peligro realista, "desarrollamos dos reacciones: la afectiva, el estallido de angustia, y la acción protectora."[7] El peligro realista amenaza desde el mundo exterior, si la acción protectora, que debería llevar adelante el sujeto para liberarse de la angustia, le resulta imposible; queda arrasado por la angustia automática. Por lo tanto, lo que define la situación de peligro es la apreciación de que las fuerzas del sujeto no podrán hacer frente a la magnitud de la amenaza externa, lo que lo hace sentir profundamente desvalido. Si al sujeto le resulta imposible prevenir la situación traumática mediante la angustia señal, y no hay tiempo de escapar, la

---

[4]   Freud, S. *Más allá del principio de placer*. O.C. T. XVIII. p. 87.

[5]   *Ibid*, p. 12-13.

[6]   *Ibid*, p. 87.

[7]   Freud, S. *Inhibición, síntoma y angustia*. O.C.T. XX. p. 155.

angustia automática se apodera del yo. Teniendo en cuenta las series complementarias, dependerá de la individualidad de cada sujeto, poder resistir la angustia automática desencadenada y valerse de un objeto interno protector que cumpla la función de apaciguar la angustia. El aparato podría quedar devastado, dando lugar a un momento de arrasamiento subjetivo.

La manera que el aparato psíquico tiene de elaborar situaciones traumáticas es ligar la carga libre con representaciones y así evitar el efecto destructivo que tiene la cantidad pura. De esta manera el sujeto elabora, simboliza. El aparato psíquico busca unir carga con representación, ensamblar las representaciones en urdimbres que arrojen cierto sentido ya que la carga pura destruye el aparato. La esencia del trauma es la imposibilidad de ligar una carga, es cuando no se puede dar sentido. El sentido, por lo tanto, resultaría esencial para un sujeto, es una necesidad psíquica, un intento de detener el efecto destructivo de la pura cantidad.

Tratamientos on-line. Cambios en el encuadre

A los temores propios de la pandemia se suma el tratamiento on-line que, en muchos casos, es sentido como imposición en el encuadre. Si bien, desde hace tiempo se está debatiendo el tema del encuadre en los tratamientos psicoanalíticos, nos vimos arrojados a este nuevo escenario sin previo aviso, compartiendo con nuestros pacientes el cambio abrupto en la vida personal. La incertidumbre afecta tanto a pacientes como analistas: la pandemia nos atraviesa a todos, nos coloca en un lugar simétrico y a la vez nos convoca a no perder de vista el objetivo del psicoanálisis, nos exige poder bascular entre la asimetría necesaria para la supervivencia del análisis y la simetría propia de la realidad compartida. Nuestra labor es sostener la función analítica, sin negar la realidad en la que estamos inmersos. Tomando el concepto de mundos superpuestos de Janine Puget, pienso que debemos esforzarnos por delimitar el campo analítico del campo de la realidad externa, ya que por momentos ambos pueden confundirse a partir del cúmulo de información o por deliberadas omisiones de aquello que es de dominio público.

El trabajo a distancia nos llevó a la pérdida del contacto físico y del procesamiento del lenguaje no verbal, la gestualidad, del modo que tiene cada paciente de habitar el espacio del consultorio y moverse en él. Lo sensorial del cuerpo, el tacto, los olores, los sonidos, el ambiente conocido y protector del consultorio desaparecen, quedando el predominio de lo perceptivo visual a través de la pantalla, dado que la virtualidad y el encierro promueven una experiencia cercenada de mundo. Una paciente me dijo: "Extraño el olor del consultorio".

Por otro lado, la virtualidad nos da la oportunidad de entrar en espacios de la vida del paciente no compartidos habitualmente: nos permiten observar, pensar e interpretar ciertas situaciones de la vida cotidiana e incluirlas como parte del material de la sesión. Por ejemplo, durante una sesión con un paciente que atiendo hace algunos años, veo entrar a su pareja en ropa interior al dormitorio que comparten. Cuando me sobrepongo de la sorpresa y la mujer ya entró al baño, pienso cómo incluir la escena como parte del material de la sesión, dado que él no hace mención del hecho.

En otro caso, es la mamá Franco, mi paciente adolescente la que entra, sabiendo que su hijo está en sesión, quiere saludarme, saber cómo estoy yo …"hace tanto que no te veo, aproveché que Franco estaba con vos acá, para entrar a saludarte". La madre entra, me habla directamente a mí, ignorando a su hijo, mi paciente. El no interviene, pienso: ¿no va a decirle nada? Soy yo la que debo decir. Mejor espero y lo pensamos juntos cuando recuperemos la intimidad en la sesión, pero ¿cuándo será, si la mamá está siempre en la casa con él? Decido saludarla cordialmente pero después le marco que necesitamos recuperar el espacio de Franco y les pido a ambos que en las horas de sesión estén en ambientes separados de la casa (porque en este caso es grande), y señalo la importancia de mantener la privacidad todo lo que se pueda.

Malena y Juan, han venido varias veces juntos a sesión

en el contexto del análisis de Juan. Durante una sesión él relata una discusión que tuvo con Malena, levanta la voz. Ella lo escucha, entra al dormitorio furiosa, generando una situación entre ambos donde yo quedo como espectadora de una disputa matrimonial. Incómoda, me veo forzada a subir el tono, ya que con los gestos no alcanza para que me atiendan (cosa que creo funcionaría en un contexto presencial) para que me escuchen y podamos pensar juntos lo que está ocurriendo. Yo, desde mi casa, en la casa de Juan, Malena en la sesión de Juan. Todos los escenarios invadidos en una pareja donde el tema de la intrusión ha sido siempre una cuestión a trabajar en análisis.

En conclusión, el trabajo remoto nos compromete a repensar y contextualizar conceptos como la confidencialidad, la intimidad, la privacidad, la abstinencia y la neutralidad.

Algunas experiencias clínicas

Analía es una mujer de unos cincuenta años a la que traté cara a cara durante un año, a un ritmo de dos veces por semana. Es hija única, vive con su madre (70) en un departamento en la Capital, deciden mudarse mientras la pandemia continúe, a una quinta familiar en las afueras de la ciudad porque consideran que es "más seguro y hay menos gente". Si bien mantienen una relación muy conflictiva, el miedo a perder a su madre en este contexto la lleva a tomar una actitud protectora y de sometimiento.

La madre insiste en poner límites a su hija, sostiene que las dificultades de Analía tienen que ver con la falta de límites, negando una situación de abuso sexual que Analía cree recordar. Analía dice: "Yo estoy segura que eso fue un abuso, pero no puedo recordarlo bien. Es como un sueño, me veo chiquita, aterrada, inmóvil. Mi cuerpo lo recuerda… intento hablar con ella para que me ayude, pero ella se enoja, la enfurece que yo quiera saber qué fue lo que pasó…Cree que me hace mal saber…yo creo que siempre lo supo".

Así, desde una actitud disfrazada de cuidadora, la madre invade el análisis y su capacidad de pensar con autonomía se ve afectada, condicionando sus decisiones que aún no son de ella. Analía funciona como parche de las angustias de la madre, actúa como ella se lo pide para calmarla. En este marco, la madre se angustia, se desarma, y es la hija la que funciona como continente y como objeto tapón. La madre dice: "Con todo lo que está pasando estoy muy mal, muy asustada y ella es mi consuelo en medio de tanta locura." Analía hizo una fuerte regresión en estos meses. Por momentos, todo el trabajo analítico se vio afectado por la situación actual e invadido por la madre.

Analía dice: "Tengo que quedarme con ella, tiene miedo a morirse por COVID o que yo me muera. ¿Qué hago yo si ella se muere? ¿Cómo me las voy a arreglar? Tengo pánico de que se me muera, no tengo a nadie. ¿Y si yo me muero? Soy todo lo que tiene, soy su única hija... vos no me entendés, seguro vos tenés familia, hermanos, hijos...yo no tengo a nadie". Continuamos con las sesiones virtuales con mucha dificultad, ya que en la quinta no hay "buena señal", y frecuentemente la madre escucha nuestras sesiones, reclama o corrige lo que escuchó decir a su hija. En una sesión, me dice en un tono bien bajo para que la madre no escuche: "Ella cree que estamos protegidas acá. En realidad estamos aisladas de todo, de lo malo pero también de lo bueno". Al cabo de unas pocas semanas de comenzada la cuarentena, tiene la idea de interrumpir el tratamiento hasta que yo la pueda atender de manera presencial. "La verdad es que nunca me gustó la camarita, cuando vuelvas voy al consultorio". En este momento, pienso que Analía está atrapada en el vínculo con la madre, quien aprovecha la pandemia para alejarla de la vida que pudo construir con muchas dificultades y del vínculo conmigo. Por eso, en este contexto, le ofrezco volver a las sesiones presenciales manteniendo un protocolo. La propuesta la toma por sorpresa, pero accede a "probar algunas veces", luego de las cuales retoma su análisis de manera presencial, lo que la obliga a "volver" a la ciudad al menos dos veces por semana.

Creo que la atención de este tipo de pacientes nos confronta con gran responsabilidad. Analía pide pruebas reiteradas de que ella ocupa un lugar importante para mí. Necesita ser alojada, cuidada y respetada en su singularidad. Cuesta encontrar la distancia óptima, ya que, si estoy muy cerca en la transferencia, soy una madre intrusiva. La separación y la distancia de la analista le produjeron sentimientos de desamparo y temor a quedar atrapada en el vínculo con su madre.

Otro caso. Lidia, de sesenta y cinco años, está aislada con su marido, con quien lleva unos seis años en pareja. Es profesional y logra continuar trabajando de manera remota. Está muy asustada, no ve a otra persona desde hace siete meses y tampoco sale de la casa. Limpia obsesivamente cada producto que entra desde el exterior. Por momentos tiene la certeza de que va a morir si se contagia COVID y, en otros, está segura de que un ser superior la protege y eso la hace sentir inmortal. "Te va a parecer una locura, pero cuando estoy por dormirme veo una imagen que no es de esta tierra, me da paz y me dice que no me voy a contagiar". Al comienzo de una sesión telefónica (nunca quiso que usemos cámara) me cuenta que se quedó sin luz por un desperfecto en su casa. "El electricista es un inconsciente, estoy con taquicardia, está en mi casa arreglando el desperfecto con un barbijo que no sirve, ese barbijo no sirve." Si bien está muy alejada del personaje en cuestión, la sesión gira alrededor del pánico y el odio que le genera el electricista. Aunque intento cuestionar/interpretar algo acerca del electricista como un potencial asesino, ella continua con su relato y de repente comienza a gritarle a su marido: "no te acerques, no te acerques, no ves que el infeliz te va a contagiar". Esto genera una discusión muy violenta entre ellos, donde se insultan y se gritan mutuamente. Sospecho que Lidia dejó el teléfono a un lado, "se fue" de la sesión, me dejó afuera, como espectadora de la controversia matrimonial. No pudimos trabajar esta escena, a pesar de mis intentos, hasta después de varias sesiones.

Sueños en pandemia

Una queja compartida por muchos de mis pacientes es la dificultad para conciliar el sueño y el despertar a medianoche a partir de sueños de angustia. He podido observar y registrar gran cantidad de sueños, plagados de restos diurnos. A continuación transcribiré el relato textual de algunos de ellos, soñados durante la cuarentena más estricta. Todos pertenecen a pacientes con funcionamiento neurótico. No me adentraré en el análisis de cada sueño, ya que me interesa mencionar el aumento en la producción onírica y la temática.

"Soñé que entraba a mi casa y se empezaba a llenar de agua, se inundaba, crecía y crecía. Era como una pecera gigante, toda de vidrio y el agua subía. Yo lo veía a X (el marido) que estaba lejos, los chicos estaban todos separados, ahogándose. Yo no los podía salvar, no llegaba. Lo miraba a él y le decía: nos vamos a morir y él se reía y me decía: Siempre tan exagerada vos. Me desperté con taquicardia y pensé: ¡qué sola estoy!, él no entiende lo que está pasando."

"Soñé que estaba durmiendo y escuchaba ruidos, bajaba a la planta baja y veía una horda de gente con palos en la mano viniendo hacia mi casa. Eran como caníbales, venía por mí y mi familia, yo no tenía como defenderlos. Mi mujer y los chicos estaban durmiendo y yo sentía que dependían de mí. Bah, como es en realidad, supongo que esto tiene que ver con el trabajo. Me siento muy solo cargando en este momento con la economía de toda la familia".

"Soñé que tenía cáncer y el médico me decía: tenés tres meses de vida. Yo pensaba, no llego a mi cumpleaños. Iba corriendo a la casa de mi mamá a contarle y ella me decía muy tranquila: bueno, la muerte es parte de la vida... yo sentía que a ella no le importaba que yo me muera. Le decía, la vida es la vida y la muerte no es vida. Este sueño me hace pensar que en el fondo algo de miedo me da este virus... también en el desamor de mi madre".

"Soñé que estaba en mi auto, en una esquina, veo un policía que está cruzando la calle. Lo miro, me mira, me sonríe y pienso: qué bueno, este es buena onda. De repente se acerca a mi ventana y me pide el permiso. Ahí me pongo nerviosa, empiezo a revolver la cartera y no encuentro el celular. Lo encuentro, me alivio y cuando lo prendo veo que decía: No habilitado. Me desesperé".

"Estábamos en un país oriental, con mi familia yendo al aeropuerto para volver a la Argentina. Me doy cuenta que había perdido la computadora, la veo tirada en el piso. Mi abuelo manejaba el auto, tarda en frenar y cuando frena ya era tarde, estábamos dentro del aeropuerto y no se podía salir, cuando quiero salir, ahí ya no estaba más el abuelo, se había desvanecido y no me dejaban salir. Para salir había que ganar un juego que era grupal pero siempre perdíamos. Había que subir una pared alta y yo no podía y algo me pasaba con whatsapp que no podía escribir como si tuviera los dedos trabados. Y una mina me escribía: acá está tu mamá desesperada llorando por vos. Me despertó el sueño, me di vuelta y vi la funda de la computadora y dije uh esta todo bien".

Consideraciones finales

A un año del inicio de la pandemia de COVID-19, no ha concluido aún la situación crítica, lo que nos lleva a seguir pensando y cuestionando nuestra práctica. En líneas generales, podemos pensar un primer momento, vinculado con la sorpresa que ha provocado el surgimiento de la pandemia a nivel global, como una dinámica que produce desmantelamiento sin configurar una lógica distinta. De esta manera, lo decisivo de la causa que desmantela es que no se retira, esa permanencia le hace obstáculo a la posibilidad de elaboración (Käes). Por eso mismo, no hay ni esquemas previos ni esquemas nuevos capaces de iniciar o reiniciar el juego. La existencia no está garantizada y la subjetividad es puesta en jaque. Si bien es imposible que todo lo vivido sea metabolizado, simbolizado (siempre quedará un resto "inligable"), la intervención del psicoanálisis buscará generar las ligaduras que lo excesivo de lo traumático precisa, para evitar el arrasamiento subjetivo y amortiguar así la repetición de lo traumático. Sin dejar de advertir el potencial disruptivo de ciertos sucesos, la vivencia traumática se recorta como una dimensión subjetiva, efecto de la interrelación entre lo excesivo externo y lo que se desencadena en el aparto psíquico con el estallido de la angustia automática. No cualquier acontecimiento es capaz de ocasionar un trauma, solo aquel que, en virtud de la sensibilidad del sujeto en cuestión, series complementarias mediante, adquiera el carácter de "inligable".

En este escenario, el psicoanálisis busca generar nuevas ligaduras, producir procesos que supongan una mayor elaboración psíquica, potenciar procesos de simbolización. El psicoanálisis intentará que esta representación inasimilable, que no pudo establecer conexión con otras representaciones y que quedó como un núcleo a partir del cual se desarrolla angustia automática, pueda incorporarse en una urdimbre representacional, transformarla en una representación que se vaya uniendo a otras.

René Käes nos acerca el concepto de "catástrofe psíquica" aludiendo a aquello que "se produce cuando las modalidades habituales empleadas para tratar la negatividad inherente a la experiencia traumática se muestran insuficientes, especialmente cuando no pueden ser utilizadas por el sujeto debido a cualidades particulares de la relación entre la realidad traumática interna y el medio ambiente."[8] Así, al estar impedida la elaboración psíquica (y la respuesta motriz) en función de la violencia del acontecimiento, se incrementa el desamparo y la vivencia de desintegración y de muerte. Aun así, es preciso apostar a la palabra y a la fundación de algo nuevo, buscando recuperar la fuerza adormecida de la pulsión, desde "los deshechos psíquicos a la búsqueda de un sentido"[9] Cada sujeto, en función de su propia historia, tramitará de manera diferente los acontecimientos vividos. Entonces, aquello que queda por fuera de la simbolización tendrá diversos destinos de acuerdo al sujeto del que se trate. El analista deberá bregar para que el mundo compartido no contamine el campo analítico, apelando a la neutralidad y abstinencia, necesarias para que el inconsciente se despliegue, así como al sostenimiento de un encuadre claro, que

[8]   Puget, J y Käes, R. *Violencia de Estado y psicoanálisis,* Buenos Aires, Ed. Lumen, 2008, p. 142.

[9]   Bleichmar, S. *Tiempo, Historia y Estructura-Su impacto en el psicoanálisis contemporáneo.* "La deconstrucción del acontecimiento", Buenos Aires, Ed. Lugar y Ed. APA, 2006, p.144.

puede cambiar pero no rigidizarse. En este nuevo contexto, debemos comprometernos a seguir pensando con cada paciente y en diferentes momentos del análisis si la presencia virtual es suficiente para comenzar o continuar un tratamiento.

Bibliografía

Bleichmar, S. (2006) *"La deconstrucción del acontecimiento"* en *Tiempo, Historia y Estructura, Su impacto en el psicoanálisis contemporáneo* (Glocer de Fionini, L. comp.) Buenos Aires, Ed. Lugar y Ed. APA, 2006.

Beyancar, M y Lezica, A. (2005). *Lo traumático. Clínica y paradoja*, T.1, Buenos Aires, Ed. Biblos, 2005.

Freud, S. (1920). Más allá del principio de placer en *Obras Completas*, Vol. XVIII, Buenos Aires, Amorrortu, 1976.

_ (1926 [1925]). Inhibición, síntoma y angustia en *Obras Completas*, Vol. XX, Buenos Aires, Amorrortu, 1976.

_ (1933 [1932]). ¿Por qué la guerra? (Einstein y Freud) en *Obras Completas*, Vol. XXII, Buenos Aires, Amorrortu, 1976.

Han, B. (2020). Viviremos como en un estado de guerra permanente. La vanguardia: https://www.lavanguardia.com/cultura/20200512/481122883308/byung-chul-han-viviremos-como-en-un-estado-de-guerra-permanente.html

Lewkowitcz, I. (2006). *"Catástrofe: experiencia de una nominación"* en *Pensar sin estado. La subjetividad en la era de la fluidez*, Buenos Aires, Editorial Paidós, 2006.

Marucco, N. "Actualización del concepto de trauma", Buenos Aires, *Rev. de psicoanálisis*, LXIII, N°1, 2006.

Puget, J y Käes, R. (comps) *Violencia de Estado y psicoanálisis*, Buenos Aires, Ed. Lumen, 2008.

María Inés Mosquera

Lic. en Psicología. Psicoanalista. Miembro de la Asociación Psicoanalítica Argentina. Miembro de la Federación Psicoanalítica de América Latina. Member de la International Psychoanalitical Association. Algunos trabajos presentados en congresos: "Pueblos originarios, memoria e identificación", "Un intento de suicidio, ¿un lugar donde brillar?" Co-autora del libro "Humano, nada más que humano" 2017, Letra viva. Trabaja con adolescentes y adultos. E-mail: imosquera03@gmail.com

Lo que el virus viró. (Relato confesional de un sujeto sujeto a su entorno)

A la luminosa memoria del Dr. Roberto Schur, por el privilegio de haberme dado un padre "lo extraordinariamente bueno[1]".

GISELA SCHUR

En el principio todo era caos... La génesis de mi experiencia con el trabajo virtual.

Cuando iba a la escuela primaria me enseñaron que virtual y real eran antónimos, luego oí que había investigadores trabajando en el desarrollo de una realidad virtual y de más grande leí que Einstein demostró que todo es relativo...

En sus comienzos, el ASPO obligó a posponer las consultas programadas y a los centros de rehabilitación, a cerrar sus puertas. Si antes del confinamiento alguien me pedía que, como neuropediatra, evaluara a un paciente a distancia respondía que no podía hacerlo, no sabía cómo, ni siquiera imaginaba que fuera posible. La semiología médica sigue un método con pasos ordenados, el objeto de estudio es principalmente corpóreo. Cómo sería un examen físico sin físico? La consulta es un apasionante, mágico y transformador encuentro de Yo a Tú[*] , en el mejor sentido dialógico, pero sólo conocía la que tenía lugar en el espacio del consultorio. La forma en la que un médico interactúa con sus pacientes es como su huella digital. Pretender cambiar de un soplo el set-

---

[1]   Paráfrasis del concepto de Winnicott (1965) ¨madre lo suficientemente buena¨ de ´El proceso de maduración en el niño¨ Barcelona Ed. Iaia

[*]   Buber, Martín. 1923-1° edición digital 2017 Yo y tú. Barcelona, España. Herder Editorial

ting al que venía acostumbrada desde hace más de un cuarto de siglo, era, al menos, un desafío que agitaba la seguridad de lo ya conocido.

El mero anuncio de la cuarentena abrió las compuertas de mails y celulares inundándolos de preguntas que denotaban desorientación y angustia por parte de los padres. El hecho de quedar fuera de lo programado convertía a cada situación en urgente. Me encontré atendiendo llamadas y respondiendo mensajes a libre demanda, me ví convertida en una especie de delivery de respuestas digitales. Ya no había horario ni agenda, ni orden, tampoco había lugar fijo, todo estaba movido y además, suspendido en el tiempo.

No tenía acceso a las historias clínicas, así que debí reconstruirlas, lo que me insumía más horas de trabajo que las habituales y una sensación frecuente de tarea inconclusa.

Debo admitir que en un principio no vislumbraba cómo ordenar el caos, no lograba jerarquizar las preguntas, todo parecía conmoverme con la misma urgencia, comprendía que muchas no lo eran desde el punto de vista médico, pero algunas quizás eran urgencias emocionales, o sociales. No estaba tan segura de que lo actuado a distancia fuera igual de efectivo. Me preocupaban aquellos que no estaban seguros en sus casas. Me involucraba en una nueva realidad que desconcertaba, conmovía y condolía con dolor propio y ajeno. Las muertes por CoVid eran por comisión del propio germen y por omisión de lo que sin ser viral, se postergó. No se conocía a ciencia cierta su comportamiento en los niños y la información sobre mortalidad para los mayores era aterradora. Cómo debía ahora cuidar de los míos, familiares y pacientes? Cómo seríamos cuidados los médicos? Vi partir a colegas y seres queridos en la más injusta soledad, dejando la herida abierta de despedidas truncas y abrazos ausentes.

Al respecto escribió Yalom[2] (2001)¨ Todos estamos destinados a experimentar no sólo las alegrías de la vida, sino también su inevitable oscuridad: la desilusión, el envilecimiento, el dolor, el aislamiento y la muerte, las pérdidas, la

---

[2]   Yalom, ID (2001). ¨El don de la terapia¨ Cap 3 El terapeuta y paciente como compañeros de viaje. Editorial Emecé

sensación de falta de sentido, las elecciones erradas¨. Nada más vigente!

Registré que la sobreexposición a la información tanto científica como de interés general me estaba llevando a un estado de desasosiego poco confortable.

Desorden e impredecibilidad... Si las ciencias se avinieron a la teoría del caos[3],

Por qué yo no podría adaptarme a la nueva modalidad? Sólo "pequeñas variaciones iniciales" en el modo de atender, y operaría un "gran cambio" adaptativo desconociendo aún los resultados. Sólo era cuestión de orden: virtualización o burn-out, lo que sucediera primero. No podía trabajar como si estuviera de guardia permanente. Me puse a dieta de noticieros, permitiéndome sólo uno por día e inauguré la agenda virtual. Fui familiarizándome con el uso de las diferentes plataformas hasta que logré salir del cuasi analfabetismo tecnológico.

Era necesario reaprender la práctica profesional, establecer una semiología virtual y adquirir habilidades para el soporte digital, tarea que convirtió a mis hijos en profesores de tecnología. Las redes sociales se tornaron un punto de encuentro con los pacientes. Sin percibir bien de qué forma sucedió, aquello que había criticado por su poder adictivo narrando cómo estimulaba la vía del reward[4], se transformó en una herramienta más de trabajo. Era mi propia "tecnología del yo"[5].

Me seguía costando reconocerme en mi versión digital, debía aprender a rescatar información clínicamente relevante con las limitaciones de una pantalla interpuesta. Tengan en cuenta que los neurólogos acostumbramos a tocar el tono

---

[3] Coppo, J.A (2010).¨ *Teoría del caos y método científico*¨. Rev. vet. 21: 2, 157–167 Corrientes Argentina UNNE

[4] Zieher, LM.(2003) *Psiconeurofarmacología clínica y sus bases neurocientíficas.* Buenos Aires.Càmara Argentina del Libro.

[5] Foucault , M.2002 ¨*Hermenéutica del sujeto*¨ México Fondo de Cultura Económica

muscular, a percutir los tendones, a revisar "cuerpo a cuerpo¨ ... Me tuve que reformatear.

Si bien no podría interactuar en 3D se me estaba abriendo una nueva oportunidad, tenía literalmente abierta una ventana al hábitat natural, la posibilidad de observar el juego y la interacción en el mismísimo ambiente familiar de mis pacientes. Para muchos padres fue un alivio saber que había una forma de atención posible.

La oportunidad de viajar por el ciberespacio, permitió optimizar algunos tiempos, noté mayor "asistencia" de ambos padres en consulta y yo pude participar de más reuniones escolares y de equipo en las que debíamos pensar en conjunto estrategias virtuales para problemas reales. Había algunos niños con discapacidad a los que les costaba sobremanera sostener la atención en el nuevo formato.

Se asomaban también las anécdotas que pincelaban de humor esta nueva experiencia... inéditas, bizarras...podrían llamarse "inécdotas".

Luego de haber perdido contacto una semana con su paciente, una terapeuta dio aviso a la institución y el padre fue contactado por un auditor. Tras ofrecerle otro horario para que pudiera retomar respondió:

- Gracias, prefiero esperar a volver. Deseo dar de baja al servicio.

Como si se tratara de un servicio de telefonía y no de una terapia!

Sobre esto dice Maud Mannoni: "Esta interrupción a pedido de los padres y del niño, apareja el peligro de dejar al sujeto en lucha, no con el problema de la curación, sino con el de un rechazo de curar de verdad[6]".

Tenía la sensación de estar invadiendo la privacidad de los hogares. En una ocasión preguntaba a una madre acerca de los datos perinatales de su hijo con síndrome de Down. - Recuerda cuánto pesó al nacer?

- Espérese, doctorita... (y continuó gritando) Maariooooo! Te acuerdas cuánto ha pesado el niño?

---

[6]   Mannoni, M.(1972) *"El niño retardado y su madre"* Cap V. La angustia en la curación p.65, Ed. Paidós 5a reimpresión 1992

Asomándose desde lejos en camiseta, el padre respondió con seguridad: - Dos trescieeentooos!

Quizás, por el aturdimiento no entendí bien si es que me sintieron parte de la familia o del mobiliario. De todas formas, alguna información ya estaba recabando: la madre no llamó al niño por su nombre ni recordaba datos precisos del nacimiento, lo que me hacía sospechar que al momento de la vinculación temprana o "bonding"[7] al que se refieren Klaus y Kennell algo no había sucedido bien.

Aprendí que lo que se daba en el "marco de la consulta" debía, además, caber en el "marco de la cámara" y lo que creí que sería una limitación, fue la expansión a un nuevo conocimiento de mi práctica. Ya comenzaba a experimentar la sensación de pasar mi día laboral en pantalla y revisar a mis pacientes zoombando... atendiendo de zoom en zoom.

A lo inusitado de la situación se sumaba que la telemedicina no estaba ni regulada ni difundida en Argentina. Con el condimento de no saber si nuestro trabajo sería reconocido por las coberturas de salud y el compromiso de no dejar a nadie desatendido, me contenté con la paga emocional y me consideré afortunada de tener mi mente activa, por un lado, para dejar a mi cerebro reptiliano[8] acorralado y por el otro, como una especie de antídoto frente tanta desesperanza.

La salud parecía haberse convertido en binaria "CoVid-No CoVid", mientras las condiciones de salud y la discapacidad, lejos de tomarse vacaciones o quedarse en casa, se hacían más notorias. Las consultas por alteraciones en la conducta, cefaleas, convulsiones, insomnio crecían a medida que se prolongaba el confinamiento y la incertidumbre. A modo de botón de muestra: la madre de un adolescente con síndrome de Asperger me llamó a comentarme:

- "Ahora, encima, lo escucha en la tele... se levanta de madrugada a lavarse las manos. Me doy cuenta porque encuentro la toalla empapada."

---

7   Klaus, J; Kennell, M (1976). ¨ *Maternal-infant bonding*¨ St. Louis USA. CV Mosby

8   MacLean, P. (1990). ¨*The triune brain in evolution: role in paleocerebral functions*¨. Nueva York: Plenum Press

Su rasgo obsesivo antes tolerable, en el contexto de la pandemia se tornó compulsivo.

Aquella familia coronaviridae que ocupaba líneas no demasiado relevantes en los libros de microbiología como causante de cuadros banales, comenzaba a ser la malvada protagonista de una novela que no quedaba claro en qué género incluir, pero se asemejaba bastante a la ciencia ficción, nos puso en la encrucijada de tener que calmar angustias propias y ajenas estando cara a cara con nuestros mas profundos temores, nuestra fibra más humana: la propia finitud, para la cual, nadie tiene coronita... o mejor dicho, cualquiera podría tener corona.

Nessun dorma

Como si nadie pudiera dormir hasta hallar una vacuna o una cura que no tenía dirección[9] para el coronado virus, hasta encontrar el nombre de una molécula que sirviera... La comunidad científica estaba trabajando contra reloj tomando como premisa la necesidad de que a la luz del conocimiento, se disipe la noche y se pueda vencer al alba el tan temido fantasma[10].

Los primeros días del confinamiento me acostaba más tarde que de costumbre, se ve que no era la única. Recuerdo un martes que me quedé trabajando hasta tarde, al acostarme oí proveniente de algún vecino un sonido que recordé inconfundible: el trac-trac del "Ludo-matic"... Dos de la madrugada y seguía siendo hora de jugar... Porque no había clases? Porque querían transgredir horarios? Porque necesitaban jugar?

Las consultas por alteraciones del sueño habían crecido exponencialmente. Muchos pacientes estaban trabajando el tema en sus espacios terapéuticos, algunos tenían dificultades previas al aislamiento social, pero la pandemia pareció disparar mecanismos ancestrales de alarma y se vieron exa-

---

[9]   Paráfrasis de "La dirección de la cura y los principios de su poder" de Lacan, J. (1981). El Seminario. Libro 20. Buenos Aires: Paidós.

[10]   Haciendo referencia a la princesa Turandot, de la ópera homónima de Puccini

cerbadas muchas condiciones. Se sabe que la deprivación de sueño baja el umbral a las convulsiones, por lo que algunos pacientes con epilepsias ya controladas recrudecieron las crisis.

Con días de clima vacacional en los que reinaba la falta de rutinas que acompañasen la característica rítmica circadiana de los ciclos sueño-vigilia y tanta sobreexposición a pantallas, el sueño era el gran postergado.

Explicaba una y otra vez en las consultas cómo las luces predominantemente azules inhiben la secreción de melatonina y nos dificultan conciliar el sueño[11].

Se tornó tan frecuente, que en los sitios web y redes sociales de los equipos en los que trabajo publicamos contenido al respecto[12]. Fue destinado especialmente a los adolescentes, por lo que utilicé una analogía con el whatsapp para ofrecerlo en un lenguaje que les fuera familiar, presentando al núcleo supraquiasmático como el administrador de grupo en su función de hacer entrar en juego la secreción de melatonina endógena, sustancia inductora del sueño. Muchos lo comprendieron, pero de allí a poner en práctica los hábitos de higiene del sueño...

Françoise Dolto acerca de los adolescentes comenta: ¨*Si uno está ocupado cuando no duerme, si se tiene una actividad nocturna, eso no es insomnio. Pero es normal querer vivir contra el ritmo a esa edad*[13].¨

Si bien hay algo de cierto en su apreciación, tiene también una cuota de riesgosa: lo que acostumbramos a hacer se convierte en rutina, que luego incorporamos como hábito, por lo tanto, si lo pensamos desde un enfoque biológico, muchas de las funciones fisiológicas que tiene el sueño podrían verse afectadas con ese ¨hábito insomne¨.

Alertada por la tendencia general a restarle horas al des-

---

[11]   Cardinali, D.2014 *Qué es el sueño?* Cap.5 69-85 Buenos Aires. Ed Paidós

[12]   Schur, G. (2020)¨ Dormir bien ayuda a crecer¨. *Revista Apoliyando. Suplemento Pediatría.* Buenos Aires Argentina

[13]   Dolto, F.1988 *La cause des adolescent* Paris.Éditions Robert Laffont. Cap 9 p85-106

canso, comencé a usar la alarma para dormir, que en muchos casos funcionó (estoy incluida).

Ya teníamos medianamente explicada la cuestión desde el punto de vista orgánico, eso era lo que me pedían en consulta. La típica pregunta de neuropediatría fundada en la cada vez más demostrada falsa antinomia: -¨ Es orgánico o es emocional?¨

La verdad, es que no conozco ningún niño inorgánico, tampoco a nadie a quien no le sucedan emociones. Los profesores de Neurofarmacología llevan décadas enseñando en sus cátedras cómo los cambios en los neurotransmisores operan en la conducta desde lo molecular hacia lo sistémico, psicológico, luego sociológico y viceversa[14], los neurocientíficos demuestran el estrecho vínculo cerebro-mente. Al respecto el premio Nobel Eric Kandel comentó:¨*Desde un punto de vista conceptual la neurociencia cognitiva podría proporcionar un nuevo fundamento para el futuro crecimiento del psicoanálisis, un fundamento que sea, quizás más satisfactorio que la metapsicología*[15]¨

Lo que responde al planteo del otro ilustre vienés:

¨ *Queremos dejar, en cambio, claramente fijado el hecho de que la inseguridad de nuestra especulación fue elevada en alto grado por la precisión de tomar datos de la ciencia biológica, la cual es realmente un dominio de infinitas posibilidades. Debemos esperar de ella los más sorprendentes esclarecimientos y no podemos adivinar qué respuesta dará, dentro de algunos decenios, a los problemas por nosotros planteados.*[16]¨

Sin embargo se sigue repitiendo compulsivamente la pregunta de la falsa disyuntiva, tanto, que hasta a veces temo terminar creyendo esa barbaridad.

---

[14]   Zieher, L M 2017 *Neurociencia. De la neurona a la mente. Niveles de acción de los psicofármacos*¨. Cap.2 p 43-57 La integración SNC cuerpo mente. Buenos Aires. Ed Sciens

[15]   Kandel, E 1999. *Biology and the Future of Psychoanalysis: A New Intellectual Framework for Psychiatry* Revisited. Am J Psychiatry 156:4 ;505-524

[16]   Freud, S.1920 *Obras completas* Vol. XVIII Ed. Amorrortu Más allá del principio de placer.

Casi siendo en este libro como ¨un inglés en Nueva York¨¨* me atrevo a compartir mis pensamientos cual infusión con Uds, sea ésta café o té. Proseguiré en los próximos párrafos compartiendo este blend:

Para la mitología griega, Morfeo, hijo de Hypnos, deidad del sueño y de Nix , diosa de la noche, era considerado el dios de los sueños proféticos cuya misión era advertir a los reyes de futuros eventos. Se manifestaba tomando forma (morphos) humana. Hypnos era hermano gemelo de Tanatos, dios de la muerte. Si la genealogía no se equivoca, Tanatos y Morfeo eran tío y sobrino. De ahí, que no resulte raro emparentar el sueño a la muerte, incluso hasta nombrarla como "el sueño eterno".

La metáfora de "entregarse a los brazos de Morfeo" presupone haber monitoreado algunos factores de seguridad del entorno y cierta calma interna,

tanto física como psíquica para poder dormir. Durante el sueño (aquí me refiero a la función fisiológica cuyas misiones principales son restaurar la energía del organismo y regular la conducta), tenemos normalmente cierta cantidad de microdespertares o ¨arousals¨, esos pocos segundos en los que nos despertamos permiten a nuestro cerebro sensar o medir el ambiente, es decir, chequear si las condiciones en las que nos acostamos son las mismas y si no hay ningún peligro. Por eso, cuando nos quedamos dormidos en el sillón y aparecemos en la cama podemos sobresaltarnos. Esos microdespertares, cuando se dan en la etapa REM también permiten recordar los sueños. Dichos arousals deben ser breves y permitir que continuemos durmiendo sin registrar que nos hemos despertado. Esto que hoy se sabe a partir de las primeras publicaciones de Nathaniel Kleitman y Eugene Aserinsky[17] sobre la fisiología del sueño y los más actuales registros polisomnográficos sería la conexión de base neuro-

---

[17]   Aserinsky, E; Kleitman, N .(1953) ¨Regularly Occurring Periods of Eye Motility, and Concomitant Phenomena, During Sleep¨. Science Rev. Sept. Vol. 118, N° 3062, p.273-274

*   Canción de Sting (1987) ¨Englishman in New York¨ del álbum ¨Nothing like the sun¨.

lógica a lo que Freud decía acerca del ¨sueño como guardián del dormir[18]¨.

Por otro lado, la seguridad que transmite el sostén o holding al que alude Winnicott[19]

del tono en los brazos amorosos y a la vez firmes de una madre acunando, son reclamo frecuente en la mayoría de los niños. Y qué adulto no experimenta una tranquilidad placentera cuando evoca esta escena? En esa situación ideal, nada se teme y la "entrega" al descanso puede producirse.

Lo que provenía del exterior durante la cuarentena, eran mayoritariamente noticias relacionadas con la letalidad del virus, el desconocimiento acerca del mismo, la falta de remedios y vacunas para neutralizarlo y a cada rato, número creciente de sus víctimas nominados como infectados o muertos. Esa era la música de fondo que sonaba en la mayoría de los hogares, todos lo percibíamos casi como subliminal, puro mensaje tanático.

Durante la consulta por una niña, la madre me comentó que estuvieron leyendo en familia un cuento ilustrado sobre el coronavirus que les habían enviado las maestras. Por la noche, el menor de sus hijos, JP, de 4 años no quería irse a dormir. Finalmente aceptó tras pedir que le dejaran usar el pijama de Capitán América. A pesar de que estaba caluroso como para usar mangas largas, la madre accedió con tal de que se durmiera. Relató: - ¨Me quedé un rato revisando los whatsapps, mi marido se quedó frito al toque... Escuché las llaves y me pegué un susto!... Ahí lo sacudí y salimos volando para la cocina... Podés creer que el piojín estaba queriendo escaparse?!

-A dónde cree que va sin permiso Ud? (Le dijo el padre) Pobre! Se me largó a llorar y me dijo: - A lo del abuelito, no quiero que esté morido! ¨

---

[18]   Freud,S. (1900). *Obras completas.* Volumen IV. ¨La interpretación de los sueños¨ . Traducción José Luis Etcheverry. Buenos Aires & Madrid: Amorrortu Editores

[19]   Winnicott, D. (1965-1975) *"El proceso de maduración del niño. Estudio para una teoría del desarrollo emocional* ¨Barcelona. 1° edición castellana. Editorial Laia

Claro ejemplo de la angustia subyaciendo a la negativa a dormir que explica Winnicott.[20]

"La clave de las perturbaciones del dormir es la angustia. El niño tiene sueños insoportables que le hacen despertarse con alivio; o bien teme irse a dormir por la amenaza de esos sueños; o sensaciones físicas muy aterradoras"…

Un "piojín", como lo llamó su madre, asustado por una amenaza externa, jugando a ser su superhéroe favorito para proteger a su abuelo. He aquí un diminuto exponente de un gran superyó intentando escaparse para neutralizar al mortal virus y realizar el salvataje, como reescribiendo el final de un cuento monstruoso, que aunque sus ilustraciones eran coloridas y sonrientes han logrado su cometido de asustarlo, como analiza Bruno Bettelheim.[21]

"Al hacer referencia a los problemas humanos universales, especialmente aquellos que preocupan a la mente del niño, estas historias hablan a su pequeño yo en formación y estimulan su desarrollo, mientras que, al mismo tiempo, liberan al preconsciente y al inconsciente de sus pulsiones. A medida que las historias se van descifrando, dan crédito consciente y cuerpo a las pulsiones del ello y muestran los distintos modos de satisfacerlas, de acuerdo con las exigencias del yo y del super-yo."

Amo trabajar con los pequeños porque hacen cosas grandiosas!

---

[20] Winnicott, D. (1965-1975) *El proceso de maduración del niño. Estudio para una teoría del desarrollo emocional* " Barcelona. 1° edición castellana. Editorial Iaia

[21] Bettelheim, B.1977 *Psicoanálisis de los cuentos de hadas* Barcelona Ed. Crítica.

Bibliografía

Aserinsky, E; Kleitman, N .(1953) ¨*Regularly Occurring Periods of Eye Motility, and Concomitant Phenomena, During Sleep*¨. Science Rev. Sept. Vol. 118, N° 3062, p.273-274

Bettelheim, B.1977 *Psicoanálisis de los cuentos de hadas* Barcelona Ed. Crítica.

Buber, Martín. 1923-1° edición digital 2017 *Yo y tú*. Barcelona, España. Ed. Herder

Cardinali, D.2014 *Qué es el sueño?* Cap.5 69-85 Buenos Aires. Ed Paidós

Dolto, F.1988 *La cause des adolescent* Paris.Éditions Robert Laffont. Cap 9 p85-106 Ed. Paidós 5a reimpresión 1992

Freud, S.1920 *Obras completas* Vol. XVIII Ed. Amorrortu Más allá del principio de placer.

Freud,S. (1900). *Obras completas*. Volumen IV. ¨La interpretación de los sueños¨ .Traducción José Luis Etcheverry. Buenos Aires & Madrid: Amorrortu Editores

Kandel, E 1999. *Biology and the Future of Psychoanalysis: A New Intellectual Framework for Psychiatry Revisited*. Am J Psychiatry 156:4 ;505-524

Kübler-Ross, E 2011 .¨*La muerte, un amanecer*¨. Barcelona, España. Ediciones Luciérnaga

Mannoni,M.(1972) "*El niño retardado y su madre*" Cap V. La angustia en la curación p.65Schur, G. (2020)¨ Dormir bien ayuda a crecer¨. Revista Apoliyando. Suplemento Pediatría. Buenos Aires Argentina

Swaiman, K, Ashwal, S, Ferriero, D et al.2006 ¨*Pediatric neurology. Principles & Practice*¨Vol.1 Mosby- Elsevier

Winnicott, D. (1965-1975) ¨*El proceso de maduración del niño. Estudio para una teoría del desarrollo emocional* ¨ Barcelona. 1° edición castellana. Editorial Iaia

Zieher, L M 2017 *Neurociencia. De la neurona a la mente. Niveles de acción de los psicofármacos*¨. Cap.2 p 43-57 La integración SNC cuerpo mente. Buenos Aires. Ed Sciens

Zieher, LM.(2003) *Psiconeurofarmacología clínica y sus bases neurocientíficas*. Buenos Aires. Cámara Argentina del Libro.

Gisela Schur

Médica Pediatra (UBA)
M.N. 89137
Post-básica en Clínica Pediátrica (Htal. Garrahan).
Especialista en Intervención y Estimulación Temprana (CEIAC).
Especialista Universitaria en Neurología Infantil (UBA).
Rotación electiva en el Dan Marino Center at Miami Children´s Hospital
Miembro Titular de la S.A.N.I (Sociedad Argentina de Neurología Infantil).
Ex-docente en la Carrera de Especialistas en Neurología Infantil de la UBA-Facultad de Medicina
Docente en cursos de grado y postgrado en la especialidad.
E-mail: dra.schur@gmail.com

Desequilibrios pulsionales.
La Función contratransferencial del analista

Raquel Mónica Mugrabi

En el transcurso de la vida los seres humanos tenemos que enfrentarnos con angustias, situaciones traumáticas, vivencias terroríficas, con lo siniestro toda vez que aparecen incertidumbres acerca de la existencia, toda vez que se ve amenazada la integridad física. Los psicoanalistas en el trabajo con los pacientes, hacemos frente a la complejidad de la realidad exterior. Me refiero a la multiplicidad de sucesos del mundo en el que se vive: cambios políticos, crisis económicas, catástrofes, migraciones masivas y sobre todo el peor escenario, las guerras. El mundo exterior no ha sido ajeno a la concepción de sujeto que tiene el psicoanálisis, es parte constitutiva de la realidad interna, y presenta una cuestión importante a ser considerada en la clínica. La historia de las ideas del movimiento psicoanalítico, atestiguan este devenir de la humanidad. Freud fue testigo de las consecuencias provocadas por las cruentas matanzas en dos guerras mundiales, las cuales no solo influenciaron en su experiencia subjetiva, sino también en su producción teórica, dando lugar a una visión diferente de la estructura del aparato psíquico y de la patología. Me refiero a los cambios en la teoría que Freud produjo a partir de 1920.

En este año de Covid-19 han tenido lugar muchas consultas a los psicoanalistas y a las instituciones que realizan psicoanálisis y psicoterapias. La modalidad online ha permitido la atención de pacientes en un encuadre diferente, al que los psicoanalistas nos hemos acomodado. Algunos habían implementado este recurso desde tiempo atrás, aportando grandes beneficios a los pacientes que se encontraban a distancia, en otros países por migraciones, trabajo. La apuesta estaría centrada en la creatividad para configurar el tratamiento con los recursos con los que se cuenta. La necesidad de una relación humana, un otro en quien alojar la transferencia, las ansiedades, los miedos, la necesidad de ser vistos, escuchados, se transforma en una forma eficaz de aliviar el sufrimiento, tarea analítica fundamental.

Uno de los problemas que enfrenta nuestra práctica en pandemia, está referido a la necesidad de que los pacientes continúen invistiendo la realidad. Esta se ha transformado por el Covid19 en una situación factible de provocar trauma. Habrá entonces que observar en los pacientes cómo se inscribe lo traumático. Es un concepto importante a considerar en la cura, para ser simbolizado, elaborado y poder asegurar la continuidad de la investidura de la realidad. En la clínica, el sujeto que se ofrece para ser investido es el analista. El analista es representante del mundo, del mundo humano. Su posicionamiento interno ante la realidad amenazante, trabajado en el autoanálisis o bien en el propio análisis, se manifestará en la contratransferencia. Sabemos que la angustia traumática lleva a la desorganización del yo. Si se logra que el paciente provoque un movimiento transferencial positivo con el analista, se asegurará en el inicio del proceso terapéutico esa presencia del otro fundamental para sostener la organización del yo.

Un fenómeno que he podido observar durante la cuarentena en algunos de mis pacientes, en mayor o menor medida, ha sido la alteración de la idea de tiempo. El principio de realidad es un ordenador de la idea de tiempo; este se construye en el encuentro con los otros. En situaciones de encierro, la concepción subjetiva de la temporalidad se altera. La relación analítica a través de la transferencia contribuye a construir una otra idea de tiempo. Al repetirse el pasado actualizado y otorgársele un nuevo sentido, puede devenir en la idea de futuro.

Una paciente me decía: "...utilizo una agenda donde anoto las tareas diarias, trabajo, gimnasia, hablar con mis hijos, mis amigos..., así me siento ordenada." Este ejemplo, muestra como su yo ha podido crear en condiciones de pandemia, posibilidades de pautar el tiempo desde su realidad interior hacia su realidad exterior, facilitándole atravesar el proceso de encierro. Sabemos que en aquellos casos en que predominan organizaciones narcisistas, y no se ha instalado adecuadamente el principio de realidad la vivencia es de un tiempo ilimitado, interminable.

Durante la pandemia, algunos pacientes han experimentado momentos de pánico. Muchas veces la hiperinvestidura de la percepción externa, me refiero a vivir pendiente de las noticias, cantidad de infectados, los muertos, genera alarma y puede provocar regresiones a estadios de desvalimiento infantil. Esta hiperinvestidura puede llevar a reactivar defensas primitivas o el retorno de síntomas que parecían superados. Un paciente, que había elaborado su agorafobia, decía estar tan cómodo en su casa que podría prescindir totalmente del exterior. Fui acercándole ideas que portaran sentido y colaboraran a ordenar el caos pulsional, la confusión, tranquilizando los miedos. Comentarios como, "es una situación transitoria", "algún día se terminará", "los científicos encontrarán la vacuna," le brindaron la posibilidad de establecer ligaduras.

La pandemia que nos toca vivir en estos tiempos, tiene características singulares. El Covid-19, un virus sin precedentes, nos ha enfrentado con la experiencia del confinamiento dentro de nuestras propias casas. Bajo la amenaza de un virus de comportamiento desconocido que produce la muerte principalmente a cierto grupo etario y vulnerables orgánicos, la distancia social, la higiene y el barbijo pasan a ser la " nueva normalidad". El mundo exterior " real" se ha trocado por la pantalla (celular, computadora, TV) El mundo de la imagen es el que marca los tiempos. La presencia del otro pasa a ser virtual. "Lo visual alcanzó una dimensión envolvente que impregna nuestro modo de estar en el mundo. Visibilidad y conexión son fundamentales para la identidad contemporánea" T.Popiloff (2015) Es en este contexto, donde los psicoanalistas debemos hacer nuestro trabajo.

El despertar de lo terrorífico

¿Cómo no pensar desde el psicoanálisis, en la ambivalencia de la expresión alemana Unheimlich, que Freud estudia en " Lo Ominoso "(1919)esa manera tan particular de lo terrorífico cuando lo familiar se transforma en extraño o en el carácter siniestro del doble, que al reaparecer reanima etapas primitivas donde el yo sintió el efecto devastador de la angustia de aniquilación, época del narcisismo primario constitutiva del pensamiento de todo niño, del hombre primitivo y de la evolución del yo?.

Ese tiempo dio origen a representaciones que nacieron de la omnipotencia, de ese amor a sí mismo ilimitado que aseguraba al yo. Entiendo que esta omnipotencia infantil una vez superada puede retornar animada por ciertas situaciones externas, pero ya no con una función protectora sino con un otro atributo que por retorno de lo reprimido se trasforma en el signo de la muerte. El Covid-19 puede constituir una de esas representaciones para el psiquismo. Lo familiar, nuestros seres queridos, pueden trasmitirnos el virus y transformarse en quienes presagien la muerte. Cuando se produce una regresión nos encontramos inmersos en un mundo ambivalente de amor-destructividad, de confianza-desconfianza.

La realidad material se ha tornado traumática, lo imaginario al decir de M.Recalcati (2020) ha sido colonizado por lo Real. Si el mundo en el que vivimos nos enfrenta con la crudeza de lo Real, con el predominio de pulsión de muerte ¿cómo ligar esos montos de destructividad que amenazan al individuo desde nuestra tarea analítica?

En la clínica actual tratamos mayormente pacientes con patologías límite, con déficit en la capacidad simbólica y tendencia a la descarga pulsional que los amenaza desde su mundo interior. El mundo exterior al tornarse en un impedimento en cuanto frustra el contacto con el otro, lleva a la libido a la búsqueda de nuevos caminos en el logro de la satisfacción. La frustración se transforma en un estímulo para la destructividad del masoquismo, del sadismo, creando las condiciones que facilitan el pasaje al registro de lo somático, la depresión y la vivencia de desvanecimiento del mundo, que escuchamos con frecuencia en la sesiones con nuestros pacientes.

"Siento que es el apocalipsis todo lo que nos está pasando "me dice una paciente, lo cual me lleva a pensar en el peligro de desasimiento de toda relación con el mundo, el abandono melancólico, la perdida de la esperanza de vida. La activación de fantasías melancólicas ocultas, que pone de manifiesto la pandemia, nos plantea la oportunidad de desplegarlas y analizarlas en nuestra tarea con el paciente.

Si bien el confinamiento lleva a una retracción narcisista del yo, tiene como objetivo la preservación de la vida, lo cual constituye un narcisismo positivo ligado a la pulsión de vida, dirigido a mantener la cohesión del yo.

Somos testigos de un despliegue de mecanismos defensivos que van desde la negación, la desmentida de la realidad en diferentes grados, formas benignas y menos benignas, hasta expresiones de intensas fobias, agravadas por el encierro y ansiedades que desencadenan afecciones somáticas. Observamos dolencias de todo tipo, musculares, gástricas, que llevan a algunos pacientes a realizarse innecesarios estudios médicos, algunos de ellos sofisticados, molestos. Entiendo que esta situación desnuda una destructividad interna desligada que se revierte sobre el sujeto ¿reflejarán estos mecanismos una búsqueda de padecimiento, aquello que Freud conceptualizara como sentimiento inconsciente de culpa?

De ser así, cada uno intentará enfrentar la angustia, el terror, tramitando el conflicto acorde a una estructura interna neurótica o no neurótica. Freud lo describe en "El problema económico del masoquismo" cuando afirma que al desplazase el conflicto psíquico hacia una dolencia orgánica, la destructividad se dirige a investir el cuerpo, provocando la desaparición de los síntomas psíquicos. En tales casos se revela el sentimiento inconsciente de culpa que coloca al sadismo del Superyó en primer plano.

"El padecer que la neurosis conlleva es justamente lo que la vuelve valiosa para las tendencias masoquistas. También es instructivo enterarse que, contrariando toda teoría y expectativa, una neurosis que se mostró refractaria a los empeños terapéuticos puede desaparecer si la persona cae en la miseria de un matrimonio desdichado, pierde su fortuna o contrae una grave enfermedad.....Freud (1923), "El problema Económico del Masoquismo" pag.172).

El poder creador de Eros

En el psicoanálisis contemporáneo, autores como Green diferencian entre un funcionamiento neurótico y un funcionamiento no neurótico. En el primero bajo la primacía del principio del placer, el conflicto surge entre el deseo y la prohibición, reprimiéndose la representación rechazada, factible por tanto de ser interpretada. Encontramos en él angustia de castración, regresión, fijación. En las neurosis el equilibrio mental obedece a otra lógica como lo dice Green, a la lógica de la esperanza, que expresaría, de no mediar la represión un anhelo oculto de encuentro con el objeto, Siguiendo esta idea, la presencia del deseo es fundamental.

En el conflicto no neurótico, se involucran trastornos del narcisismo primario, mecanismos de defensa como la escisión así como desinvestiduras que pueden comprometer la integridad del yo.

Ambos funcionamientos se corresponden con lógicas diferentes y presentan modalidades distintas de pensamiento. Ya Freud al referirse a los trastornos del pensamiento en las neurosis, mencionó las" reminiscencias" que sufrían las pacientes histéricas, relacionándolas con la libido, las fantasías eróticas y los deseos.

En el funcionamiento no neurótico, en el intento de un equilibrio mental operaría otra lógica. Predomina la desesperanza. En los casos límites, como lo piensa Green, el pensamiento se encuentra mutilado, en blanco y el sentimiento de vacío es su manifestación clínica. Prevalece el odio por fallas primarias del objeto. El sujeto no puede amar ni sentirse amado por el objeto. El conflicto es entre el yo y el objeto, entorno a la dramática amor-odio. Se caracteriza por la ausencia de deseo y la subversión del principio del placer.

Puede aparecer la indiferencia que al apropiarse de la organización interna, ubicaría al yo en peligro, en tanto se vería infiltrado por las pulsiones destructivas del Ello. Cabe recordar que la "Reacción Terapéutica Negativa", es un ejemplo de esta fijación al odio.

Resulta interesante al diferenciar estos dos tipos de lógicas, la posibilidad de adentrarnos en un modo de pensamiento con el que tenemos que trabajar como analistas de esta época. Se trata de un funcionamiento relacionado con la locura del yo que habita en lo más profundo, que no es racional, que no reside en levantar la represión y encontrarse con el deseo. El abordaje consiste en desplegar la transferencia para que aparezca lo más íntimo, aquello que Green denomina "locuras privadas" y que solamente podría expresarse y desarrollarse en el espacio transferencial.

Esta conceptualización introduce cierta complejidad en el abordaje clínico de aquellos pacientes que presentan conflictos con el mundo interno, pulsional con prevalencia del odio. En ellos cuando aparece una realidad como la del Covid-19, el conflicto se ve redoblado frente a la amenaza de invasión de enfermedad y muerte (angustia de Intrusión) y a la vez, los lleva a sentir angustia de abandono reflejada en la soledad, el aislamiento, el no contacto social. Si se contagia el virus significa la condena al aislamiento.

Estas dos formas de angustia (Green, 2008), la de "intrusión y la de abandono" son características de los casos límites.

"El modelo implícito de la neurosis nos remitía a la angustia de castración. El modelo implícito en los estados fronterizos nos remite a la contradicción formada por el par angustia de separación-angustia de intrusión.".(Green, 2008)

Las angustias de Intrusión-Separación ponen en evidencia la imposibilidad de ausencia del objeto primario, impidiendo que se incorpore un objeto bueno que permita la constitución de un yo capaz de ligazón, para pensar en un objeto ausente separado de él. La representación es el prerrequisito del pensamiento. El trabajo analítico por tanto va a desarrollarse entre una alta sensibilidad a la pérdida y temores persecutorios, que la realidad externa por otro lado confirma. Estas angustias van estar referidas también al analista en la transferencia lo que brinda la posibilidad de ir construyendo representaciones de objetos faltantes.

En un paciente que muestra una escisión en su yo que puede manifestarse con una crisis de rabia o de alta intolerancia a la situación que atraviesa por el encierro, que nos dice" no aguanto más", podemos pensar que en un aspecto, ese yo está disgregado y que pierde en parte el control defensivo. La estrategia de abordaje sería enfocarnos en tratar de evitar el caos, la confusión interna, ¿Cómo? Cuidando y conteniendo al yo y diferenciándonos del objeto primario que ha sido deficiente en su capacidad de calmar la angustia. Sin duda cada analista implementará los recursos técnicos con los que cuenta, aquellos que considerará pertinentes, siempre sobre la plataforma transferencial. Los analistas nos valemos de nuestro mundo interior, contamos con suficiente experiencia y conocimiento del propio inconsciente (análisis personal) y en lo posible con las propias pulsiones mayormente integradas en un yo capaz de utilizar esa caja de herramientas técnicas que hemos adquirido a lo largo de nuestra experiencia.

Entiendo que, los analistas ponemos en ejercicio la función de ligadura del Eros, tratando de orientar en el paciente las pulsiones que se desligan de objetos de la realidad e internos hacia conexiones o re conexiones con nuevas objetos. Se crean así posibilidades para una estructuración defensiva del yo más eficiente, que proteja su integridad, tratando de cuidar la referencia al principio de realidad. Destaco para ello la importancia de la contratransferencia que aparece en primer plano.

Creo importante tomar en cuenta el concepto del N. Marucco (2006) " La apuesta pulsional del analista". Esta idea innovadora, involucra las pulsiones eróticas del analista, de las que se vale su yo como recurso subjetivo de abordaje. Esta posición integrada a la "Singularidad real del Analista", (Marucco, 1995) imprime una fuerza vital que lleva a producir ligaduras; la palabra del analista transmitirá interés, preocupación, prestará ideas, representaciones. De lo contrario ¿cómo sería posible luchar contra las resistencias o la conciencia de culpa, la necesidad de castigo o componer las escisiones? El objetivo es el de provocar acercamientos de elementos psíquicos contradictorios, tales como pensamientos, afectos o fantasías. La complejidad de la tarea consiste en crear caminos que aproximen áreas del yo distantes entre sí, producto de escisiones (se pone a prueba la imaginación del analista, como así también el análisis personal). En un primer momento, el objetivo es apaciguar las angustias de intrusión y de abandono que se juegan en la transferencia con el analista, para luego poder interpretar otros contenidos inconscientes.

Una paciente de cuarenta y seis años, separada con tres hijos pequeños en edad escolar, se vio sola trabajando en su casa y asistiendo la escolaridad de sus niños. La empresa para la que trabajaba también se adaptaba a la situación de trabajo remoto, lo cual le ocasionaba tener que hacer ajustes a su tarea habitual de tantos años. En medio de enojos, protestas y crisis de rabia se pudo ir organizando al igual que sus niños. Al poco tiempo utilizando las redes sociales, mi paciente y casi al comienzo de una cuarentena que en mi país duró más de ocho meses, conoce a un hombre, aproximadamente de su edad, separado con dos hijos, con el que establece una relación afectiva. Lo interesante es que el vínculo durante los primeros tiempos se desarrolla vía mail o por whatsApp. Se escribían como si fueran las cartas del pasado. Luego sobrevino la comunicación telefónica.

La vinculación establecida fue diferente a otras que tuvo en el pasado, simultáneamente aparecieron en el análisis, aspectos afectivos novedosos, mostrando más profundidad en cuanto al interés por un otro. Se desconocía sintiéndose más segura de sí misma. Esta situación dio lugar al análisis del narcisismo, de la discriminación yo-otro extendido a su vinculación en pareja. Se comenzó a trabajar este aspecto desde otras vertientes, no solo en relación a los objetos primarios sino a nuevas relaciones, con sus hijos, amigos, compañeros de trabajo, donde anidaba esta modalidad. Al tiempo se operó una modificación desde la relación narcisista e infantil que caracterizaba sus elecciones de pareja, a una relación que entendí expresaba considerable predominio objetal y desarrollo del amor. No quiero detenerme en el desarrollo del caso clínico, desearía hacer hincapié en la manera que encontró mi paciente de crear, en condiciones muy limitadas, una proyecto de pareja, ilusiones y un erotismo que se expresó desde el comienzo a través de lo escrito.

El hecho a destacar es el trayecto desde la desesperanza a la esperanza, desde lo escindido, con expresiones de rabia, descargas de llantos y gritos hasta acercarse a lo neurótico, al deseo, finalmente al otro. Como consecuencia de la evolución en el proceso analítico, el avance del desarrollo del yo pudo generar vínculos con reconocimiento de la singularidad, de la alteridad. Creo siguiendo a Green que la relación amorosa puso en evidencia ese cambio psíquico que se estaba gestando. Mi posición en el trabajo terapéutico ha sido privilegiar el Eros, las pulsiones de vida que Freud conceptualiza en "Más Allá de Principio del placer"(1920). Como lo refiere Green con su concepto de " función objetalizante" la que propicia las pulsiones de vida, creadora de objetos y funciones del yo. Poblar el mundo interno de objetos, podría transformarse en una meta del análisis dando lugar a un mayor desarrollo psíquico.

Felizmente muchos de mis pacientes con algunos años de trabajo analítico lograron sostener el cuidado de su salud con creativas adaptaciones a la pandemia.

Freud en "El Yo y el Ello "(Cap. 4) refiriéndose a las dos variedades de pulsiones, agrupa en las pulsiones de vida o Eros no solo a las pulsiones sexuales genuinas, las sublimadas, y de meta inhibida, sino también a las pulsiones de autoconservación. Las enlaza con su par antitético la pulsión de destructividad y dirá que el accionar en conjunto de ambas pulsiones básicas producen toda la variedad de la vida. Estas fuerzas que evidencian tensiones de necesidad del Ello, están presentes en el Yo-Ello indiferenciado. (Cap. ll de Esquema de Psicoanálisis 1940).

El Eros es una fuerza que cohesiona, enlaza; como pulsión se apega también a los objetos y debe estar siempre ligada a su antagonista para preservar el equilibrio vital y psíquico y evitar que la destructividad alojada en el seno del psiquismo ejerza un accionar devastador. Green (2012) en "Las Cadenas de Eros" entiende que al introducir el Eros, Freud introduce un cambio en su pensamiento, porque Eros quiere decir pulsión de amor y el amor lleva inevitablemente a la idea de objeto, es decir hace una equivalencia entre Eros y amor. Quedaría enriquecida la teoría con el aporte de la vinculación del objeto a través del amor.

Entiendo que el cambio teórico al que se refiere Green introduce posibilidades técnicas. Las pulsiones eróticas, de vida, de amor, constituyen vectores dinámicos que ayudan a la apertura del campo analítico cuando se encuentra cerrado a la interpretación en aquellos procesos de repetición o descarga en acto. En aquellos casos de desintrincación de las pulsiones, de automatismos psíquicos, donde se pierde el orden generador de sentido, se subvierte el principio de placer y se evidencia además la acción intensa del mecanismo de desmentida. Esta energía pulsional, que Green denomina: "desencadenada-constrictiva", gobierna los cuadros límites. Al no poder sostenerse la ligazón en las formaciones psíquicas, la pulsión desborda a lo extra-psíquico en el acto y la repetición. Esta energía pulsional se desencadena cuando ocurre alguna situación intolerable para la psique que genera caos; al mismo tiempo queda sujeta a un modo de repetición automático.

Green caracteriza la ligadura que se lleva a cabo desde el Eros: "como energía reticulada extensiva e intensivamente desplegada". La figura en red es lo que mejor refleja o representa la fuerza de la ligadura. Se expande de manera arborescente. Relaciona el concepto de energía con el funcionamiento pulsional. Este modelo de funcionamiento en red, es la forma más consumada de la energía ligada, se observa en la creación artística, en el ámbito del descubrimiento científico, la especulación intelectual y es a través de este despliegue de energía que es posible conectar, distintos contenidos psíquicos muy diversos, articulando tanto los internos como externos, los superficiales como los profundos.

El Eros cumple funciones fundamentales. Se puede trazar un continuo que va desde la pulsión sexual hasta la sublimación, la cual como sabemos es una vicisitud de la pulsión, un cambio de fin y de objeto. El Eros, involucra las manifestaciones de amor en todas sus expresiones: amor a la pareja, amor a los hijos, a la familia, a los amigos, al arte y a todas las expresiones creadoras del individuo. Freud también lo estudió en el campo social. En Psicología de las Masas (1921) afirma que a los individuos de la masa los cohesiona el poder del Eros oculto tras la sugestión.

Es una fuerza vital, que impulsa el desarrollo. La sublimación como transformación pulsional puede ser entendida como una resultante del trabajo analítico. Cuando a través del análisis colaboramos en la producción de modificaciones estructurales en nuestros pacientes, cuando se cambian las defensas o se elaboran los duelos, se llevan adelante movimientos sublimatorios que pasan a ser un nuevo instrumento del yo. En este sentido creo estar más cerca de Winnicott cuando piensa la situación analítica como un espacio de creación, de transicionalidad campo esencial de realización de nuestra tarea como analista.

Con nuestro trabajo como psicoanalistas cumplimos durante la pandemia una importante función, cuidando y conteniendo al yo de los pacientes en el constante esfuerzo de equilibrar el régimen pulsional, ofreciéndole otros recursos por fuera de la destructividad. Durante el proceso de la cura los analistas nos posicionamos como un objeto transformacional al corregir ligazones y generar nuevas combinatorias de pulsiones destructivas y pulsiones eróticas, impidiendo el accionar exclusivo de las pulsiones destructivas que solo producen desintrincación. Este trabajo lo posibilita el Eros al mantener la mezcla pulsional, por ello debe prevalecer en el analista. La posibilidad de investir a los objetos con las cualidades constructivas de las pulsiones eróticas moviliza mecanismos de pensamiento, estimula la elaboración de fantasías y de las zonas más profundas del yo facilitando que se produzca una evolución hacia la sublimación. La contratransferencia y la "apuesta pulsional del analista" (Marucco, N.1995) pueden conducirnos en el proceso.

He tratado de enfatizar en la pulsión de vida o Eros como recurso técnico, porque entiendo que en la clínica actual, con el agravante de la pandemia, se encuentra afectada la organización del yo, que se ve empujada por intensas pulsiones que lo mueven más fuertemente hacia la compulsión que hacia la represión. La pluralidad de combinatorias nuevas entre Eros y pulsiones destructivas determinará las posibilidades internas de desarrollo, creatividad y riqueza psíquica.

Finalmente quisiera destacar la importancia de la contratransferencia dado su extraordinario potencial como instrumento clínico. Considero que a lo largo de la experiencia como analistas la contratransferencia se va incorporando al yo como una función organizada que implica una comunicación con el propio inconsciente, una receptividad a la transferencia que da lugar a un modo de pensamiento específico. Esta función del yo del analista se suplementa en un juego dialéctico con el autoanálisis, facilitando un mejor abordaje de la clínica actual.

Bibliografía

Freud S. (1919) *Lo Ominoso*. Buenos Aires, Amorrortu, TXVII 1979

Freud S. (1920) *Más Allá del Principio del Placer*. Buenos Aires, Amorrortu, T XVIII, 1979

Freud S. (1921) *Psicología de las Masas y Análisis del Yo*. Buenos Aires, Amorrortu, T XXIII 1979

Freud S. (1923) *El yo y el Ello*. Buenos Aires, Amorrortu, T XIX 1979

Freud S. (1924) *El Problema Económico del masoquismo*. Buenos Aires, Amorrortu, T XIX 1979

Freud S. (1940) *Esquema de Psicoanálisis*. Buenos Aires, Amorrortu, TXXIII, 1979

Green A. (1983) *Narcisismo de vida Narcisismo de muerte*. Buenos Aires, 1986

Green A. (1972) *De Locuras Privadas*. Buenos Aires, 1990

Green A. (1998) *Las Cadenas de Eros*. Buenos Aires, 2012

Recalcati M. (2020) Conferencia: "La curva de la Angustia" 58° Simposio Interno. Asociación Psicoanalítica Argentina

Marucco N. (1999) *Cura analítica y Transferencia*. Buenos Aires: Amorrortu, 1999

Marucco N. (1995) y Korol, Lucía María. Machioni, Héctor. Rozitchner, Enrique M. Marucco, Vartzner Alejandra de. "La Función analítica del analista. El papel de la singularidad real en la transferencia" Analista Revista de Psicoanálisis. Asociación Psicoanalítica Argentina.

Marucco N (2006) "Actualización del concepto de trauma en la clínica analítica" *Rev. de Psicoanálisis* 2006: 1-9-19. ...se tratará de la apuesta pulsional (Marucco, 2006)

Marucco N. (2007) "Entre el recuerdo y el destino: la repetición" *Rev. de Psicoanálisis APdeBA* - Vol. XXIX - N° 1 - 2007

Popiloff, T. (2015) "El Psicoanálisis y el Desafío Tele Tecno Mediático. " Congreso de IPA Boston

Raquel Mónica Mugrabi

Lic. en Psicología de la Universidad de Buenos Aires, Miembro Adherente de la asociación Psicoanalítica argentina, Miembro de la Federación de Psicoanálisis de América Latina y de la Asociación Psicoanalítica Internacional. Fue Profesora ayudante en el seminario del Dr. Doria Medina Eguía. Es Profesora ayudante del seminario de formación psicoanalítica a cargo del Dr. Marucco.
Es colaboradora en el Instituto de psicoanálisis de la Asociación Psicoanalítica Argentina. En la práctica privada se desempeña como psicoanalista de adultos.
E-mail: mugrabiraquel@gmail.com

El malestar en la cultura
o la cultura sin malestar

MARGOT SHREM

*"El culto a la vida,
si de verdad es profundo
y total, es también culto
a la muerte. Ambas son inseparables.
Una civilización que niega a la muerte,
acaba por negar a la vida".*
Octavio Paz

El tema que nos convoca el titulo de este libro, 2020: "La subjetividad puesta en jaque. Relatos clínicos de una experiencia singular", me remite al significado de la palabra jaque, vocablo de origen persa, "sha", que significa en árabe "rey". En el juego de ajedrez, un jaque es una amenaza inmediata de capturar al rey. La expresión árabe "shah mate", se utiliza para indicar que el rey se encuentra sin escapatoria, es una posición en el ajedrez en la que el rey se encuentra amenazado y no puede hacer nada para revertir ese destino.

La subjetividad, por otra parte, es un concepto en el que se articula lo singular, familiar y social de cada persona. Como sujetos, la subjetividad nos acompaña desde los inicios de nuestra vida, lo vivido queda registrado y representado en nuestra psique, variando de acuerdo a las vicisitudes acontecidas a lo largo del tiempo. De allí que me interrogo, si la subjetividad, como concepto, puede estar en jaque o más bien nosotros como sujetos inmersos en un momento determinado podemos sentirnos amenazados por la cantidad de acontecimientos externos o internos que nos rodean. La subjetividad es una manera de ver y sentir el mundo y nuestras propias vivencias, estaría en jaque si dejamos de ser individuos y nos sumergimos en un colectivo que nos oscurece como personas. Entendiéndola desde esa perspectiva, la subjetividad nunca podría estar en jaque, es un proceso continuo que se encuentra en un devenir constante.

Se hace evidente que llevamos más de un año abatidos por una gran amenaza, el covid 19, lo cual de manera inexorable atraviesa nuestra psique y nuestra manera de ver el entorno. Este diminuto virus portador de una corona, pese a su tamaño, preserva su trono de manera invisible lo que hace que sea más difícil de ser capturado. Cientos de piezas se mueven en el tablero científico buscando producir más y más vacunas para poder hacer el gran "shah mate". Hoy, estamos sufriendo las consecuencias de una gran peste, con alrededor de cien millones de personas contaminadas y más de dos millones de fallecidos. De allí que como analistas, nos corresponde pensar cómo cada quien vive esta pandemia, en qué época nos tocó vivirla, cómo cada quien la transita, la sufre, la padece y cómo podemos ayudar en el marco comunitario como estudiosos de la salud mental.

A su vez, cabe pensar, qué otros jaques nos acompañan en pleno siglo XXI y si la gran amenaza es el coronavirus, o más bien, el coronavirus, paradójicamente, nos alertó acerca de las múltiples coronas que se mueven en el tablero mundial, en el que cada jugador parece creer tener el trono que lo habilita para poder mover las fichas a su antojo, de un espacio a otro, de casilla en casilla, sin el menor temor de que aparezca el tan temido jaque mate. Me pregunto, si necesitamos una amenaza real, el coronavirus, como representante simbólico de un orden que delimite espacios, imponiendo normas y regulando los inagotables espacios de ese gran tablero mundial.

Tablero asentado en una contemporaneidad en la que prevalece la inmediatez, el goce sin límites, en donde el sujeto deja de ser sujeto portador de la falta estructural marcado por el deseo que desde su ausencia no puede colmarlo, para mantenerse instalado en el trono, bajo la ilusión de continuar siendo "his majesty the baby", el rey todopoderoso, portador de la verdad.

Estamos atravesados por una época en la que el súper yo como instancia que ordena y regula , ya no prohíbe, de manera contraría demanda cada vez más; en donde las leyes parentales parecen haber dado espacio a las leyes del mercado, las cuales solicitan afanosamente invenciones constantes, premura, inmediatez, consumir más y más. Momento de la historia que promueve la búsqueda de bienestar constante, que busca perpetuar la ilusión de felicidad y eternidad, rechazando cualquier destello de incertidumbre, enfermedad y sufrimiento en el ser humano. Ya nada se opaca, todo pretende perpetuarse, hoy en día una simple pastilla garantiza preservar o aún más, lograr la potencia jamás alcanzada.

Momento de la historia en el que las realidades sólidas, sostenidas en el tiempo quedaron atrás. La modernidad líquida, sociedad líquida o amor líquido, tal y como lo plantea Bauman, Z. (1999) dominan nuestra cotidianidad, dando paso a un mundo más precario, provisional, alienante, en tanto sumerge al sujeto en una irrealidad mediática que conforma una respuesta subjetiva bastante particular.

Realidad actual que inevitablemente impacta en el sujeto constituyendo nuevas modalidades de la subjetividad y particulares maneras de vincularse. Estamos en la era de la imagen, de las redes sociales, de los chats, de los mundos virtuales, de la hiperrealidad, tal y como la define Baudrillard, J. (1978), en el que el mundo virtual suplanta a la imaginación y opaca la fantasía. En donde la pulsión escópica lejos de retraer la mirada hacia el interior, está volcada hacia el afuera.

Para Baudrillar, J. la perfección es inhumana, lo verdaderamente humano es lo imperfecto. En los momentos actuales, se cree sustituir la realidad creando un mundo de perfección controlable y sin contradicción. Para éste autor, este colmado mundo del entorno atesorado en la era digital es el crimen perfecto de cualquier ilusión, todo aquello que se recreaba a nivel de la fantasía pierde su cualidad al poder concretarse pulsando un simple botón digital.

Muerte de la ilusión, desvanecimiento de la castración, lógica actual en la que domina la trascendencia, la completud, el hedonismo puro, es narciso en búsqueda de sí mismo.

Parece que volvemos atrás en el tiempo de las hordas primitivas, momento de la historia en donde imperaba el animismo, la magia y la omnipotencia del pensamiento.

Pretendemos sumergirnos y en masa, en una suerte de renegación a una "cultura sin malestar" dejando atrás los beneficios que nos otorga la inserción del "malestar de la cultura", como soporte de vida generacional, en tanto, protege al ser humano frente a la naturaleza, regula los vínculos recíprocos entre los hombres y limita y contiene el desenfreno pulsional (Freud, S. 1927).

Freud, S. (1930) en su artículo: "el malestar en la cultura" nos alertaba sobre la dificultad del sujeto de renunciar a ocupar esa posición de omnipresencia, para él, la conservación del pasado en la vida anímica era más bien la regla, prescindir de éste afán, era una suerte de excepción. Así nos lo da a conocer en el mismo artículo, cuando hace la siguiente referencia: "Épocas futuras traerán consigo nuevos progresos, acaso de magnitud inimaginable, en este ámbito de la cultura, y no harán sino aumentar la semejanza con un dios. Ahora bien, en interés de nuestra indagación no debemos olvidar que el ser humano de nuestros días no se siente feliz en su semejanza con un dios. Entonces, reconocemos a un país una cultura elevada" (Freud, S. pág. 90, 91).
Las épocas futuras mencionadas por Freud en aquel momento, parecen haber llegado, nuestro visionario y erudito nos lo advirtió, aquella cultura elevada de sujetos infelices en tanto semejantes a dios se disipó, surgiendo sujetos endiosados que proclaman felicidad perpetua. Ese equilibrio posible entre lo permitido y lo prohibido continúa permeando en la psique del sujeto sin cesar, la represión como mecanismo nodular, en tanto su función de estructurar, ordenar y limitar, ha disminuido su función. Aquellos diques contenedores del desborde pulsional parecen haber colapsado, desbordando en su rumbo una suerte de exceso que rebosa cualquier asomo de imposibilidad.

Hecho que se ve reflejado en la clínica de los pacientes que nos consultan, problemáticas de vacío, de vínculo, dificultades identitarias, depresiones, patologías borderline, adicciones, son el terreno fértil que domina nuestra clínica actual. Cambios en la frecuencia y en la duración de los análisis nos aguardan hoy día. Sufrientes que demandan un bienestar "completo", cambios rápidos por su poca tolerancia a la frustración y la demora.

Recordemos que la primera barrera que la cultura antepone a la pulsión de muerte es la prohibición del incesto. Interdicción necesaria frente a la arbitrariedad del padre de la horda primitiva, tabú que instaura un orden institucional abriendo camino a la exogamia, a la alteridad, a la convivencia y fomenta las tan necesarias alianzas fraternas. Limitaciones que finalmente la cultura totémica instituyo para preservar la vida, sustituyendo ese gozo mortífero por un trozo de seguridad.

Quizás necesitemos traer a nuestra época actual, aquella cultura totémica, como reflejo de orden y de las leyes que imperan en el sujeto. Quizás necesitamos delimitar espacios e imponer autoridad frente a esa voracidad ancestral que vivimos en la actualidad, en donde todo es mucho y a su vez no es nada. En donde lo individual vuelve a predominar sobre lo colectivo, en donde el estado como estructura que protege y sostiene se vuelve inoperante en su función, ejemplo de ello, son los personajes siniestros que portan los puestos gubernamentales en América Latina, por tan sólo mencionar a nuestro entorno, ni hablar de Maduro, en Venezuela y, en Estados Unidos (frontera con México país en el que resido) y su ex presidente Trump, o en España, el rey Juan Carlos, quien pese a su galardón de "emérito" es acusado por la fiscalía por su evasión fiscal. Sujetos todos en apariencia omnipresentes, portadores de la verdad, equivalentes a aquel tótem que reinaba en la horda primitiva.

Dentro de esta misma línea, cito un texto que recientemente tuve la oportunidad de leer del filosofo y pensador francés, Edgar Morín: "hace veinte años se inició un proceso de degradación en el mundo. La crisis de la democracia no es solo en América Latina, sino también en los países europeos. El dominio del lucro ilimitado que lo controla todo está en todos los países. Lo mismo ocurre con la crisis ecológica. El espíritu debe afrontar las crisis para superarlas. De lo contrario, somos sus víctimas. Hoy vemos que se instalan los elementos del totalitarismo. Pero tenemos todos los medios de vigilancia desde drones, celulares, reconocimiento facial. Existen todos los medios para una vigilancia totalitaria. El problema es evitar que estos elementos se unan para crear una sociedad totalitaria e inviable para nosotros". (Morín, E. 2021)

Sabemos que la pérdida de referentes crea desamparo, desorientación e incertidumbre, expresándose subjetivamente con un sentimiento de orfandad, precariedad e inseguridad, lo que puede conllevar al anhelo por alcanzar ese positivismo constante, sueño americano de eterna felicidad, "paraíso" fiscal, entre tantos ideales, como sustitutos de esas figuras ausentes que suplan la vulnerabilidad sentida.

Terreno fértil para erigirse en el poder lideres funestos cuyo ofrecimiento de "seguridad" y "contención" se dan manipulando un discurso sobre la base de la escisión, proyección, negación, por no decir, renegación, haciendo del dos, uno, en palabras de McDougall, "estás conmigo o no estás". Deseo de fusión tan anhelado por un sujeto hambriento de afecto, que termina paradójicamente, con su propia muerte, en tanto se vuelve ciego de sí mismo. Parafraseando a Don Quijote: "Las tristezas no se hicieron para las bestias, sino para los hombres; pero si los hombres las sienten demasiado, se vuelven bestias".

Dentro de todo este momento histórico de tanta confusión e inoperatividad de los tan necesarios referentes, dentro de una época en que lo prohibido emanado de la ley quedó desvanecido, en donde las problemáticas de vínculo se hacen cada vez más visibles en los pacientes que nos consultan, se asienta en el gran tablero mundial, el coronavirus. El gran jaque con su gran corona se adueñó de la partida, recordando que la posibilidad de movernos de casilla en casilla a nuestro antojo es inviable si queremos preservar la vida, que la finitud que pretendía negarse es irremediable , que ese punto de quiebre es inexorable , ese llamado de castración, ese develamiento de la fragilidad del ser humano.

Quizás hoy al decir de Camus con su novela "La Peste", necesitábamos una epidemia, una catástrofe, que nos permita abrir los ojos para recordarnos cuan vulnerables somos, para constatar que las peores epidemias no son las biológicas, sino las morales (Narbona, R. 2020). Para reconocer la necesidad de vincularnos, de ser solidarios en un entorno en el que la ambición personal reina sobre cualquier interés colectivo.

Hoy, el gran jaque se apodero poniendo un freno al desenfreno del mundo actual. Hoy, siguiendo con la metáfora del ajedrez, nos mantenemos resguardados en cada casilla de ese tablero, anhelando pasar al cuadrado contiguo, para palpar al vecino, al amigo, al hijo, al nieto. Quizás para unirnos como los hermanos de la horda primitiva para luchar por la vida y perpetuar el casillero de ese vínculo compartido.

Hoy llevamos un año transitando en nuestro quehacer diario con lo impensable, aquello que no tiene registro mental, en palabras de Freud, la propia muerte. Hoy trabajamos de ocho a diez horas diarias a través de una máquina escuchando las ansiedades, miedos y privaciones que genera estar todo este tiempo en confinamiento, oímos el llanto constante de nuestros pacientes por las tantas pérdidas afectivas, laborales y económicas que han sufrido. Hoy, las vivencias de pánico inundan nuestros espacios psíquicos y la de nuestros pacientes, el enemigo golpea una y otra vez nuestras puertas, el virus nos persigue, el vecino, amigo, hijo, nieto puede ser el portador de lo tan temido. Hoy, las imágenes de cuerpos apilados se presentan claramente frente a nuestros ojos, develando la imposibilidad de perpetuar la ceguera que pretendíamos habitar en nuestra mente. Cada vez se perfilan más allegados contaminados, algunos transitan con pocos síntomas y otros sufren la agonía frente a una posible muerte.

A continuación transcribo la experiencia que he vivido con algunos pacientes:

"Vi cómo me envolvían en una sábana blanca, estaban velándome, estaba vivo pero muerto, veía el hoyo..... quería salir de allí pero me amarraban para meterme en ese hueco, veía, veía y veía pero no podía hacer nada. Los animales recorrían todo mi cuerpo....... estaba vivo pero muerto. No sabía dónde estaba, no recordaba nada y por momentos, no sabía ni quién era, ni dónde estaba. Sí, sí .... soy yo Miguel, dónde estoy.... qué pasó, no recuerdo nada. Sí, sí, estoy vivo, no.... Sí.. sí, lo estoy, pero dónde estaba".

Testimonio de un paciente próximo a salir del hospital, a quien asistí telefónicamente cuando fue posible que nos volviéramos a contactar, después de un mes de haber estado en cuidados intensivos, entubado. Desorientado en persona, espacio y tiempo, se preguntaba por momentos, quién era, y así, una y otra vez. Videos de los familiares identificándose le fueron presentados, para que poco a poco lograra ubicarlos y ubicarse: "soy tu hijo, me llamo .... y así, cada miembro de la familia, sucesivamente. Dificultades en la vista, "se me van los ojos, así como a los muertos" estuvieron de manifiesto en su discurso constante y problemáticas en su andar aún permanecen.

Pedro, paciente de 55 años, me cuenta en una sesión que todos en casa resultaron positivos y que se encuentran bien. A la siguiente sesión no se conecta, le escribo preguntándole si está bien, que lo estoy esperando, no responde, no tengo manera de comunicarme con algún familiar, me quedo preocupada por él y a la espera de la otra sesión, tampoco aparece, vuelvo a escribirle, no responde, me escribe al día siguiente contándome que está muy mal, con tanque de oxígeno, está complicado, con neumonía, producto del covid, no puede hablar, le ofrezco hacerlo por mensaje de texto, acepta: "tengo miedo de morirme Margot", no te pude contactar porque no sabía ni en qué día estaba, se me fueron los días, se me va la vida, me siento muy mal, el Dr. me dijo que tenía que hospitalizarme pero le suplique que no lo hiciera, el pensarme solo allí es morir, le señalé que entendía su angustia, pero que allí estaba, vivo y escribiendo, que ir al hospital no significaba morir, le pedí que me facilitara el teléfono de algún familiar porque estaba preocupada por él y quería, en caso de ser necesario, contactar con alguien, lo hizo. Le ofrecí que me escribiera en el momento que quisiera lo que iba sintiendo, que yo estaba allí y que lo acompañaría. Al día siguiente me escribe que quisiera que le dé un espacio para hablar conmigo, que se siente un poco mejor y que quisiera verme (por facetime como lo veníamos haciendo) lo hago, transcribo parte de su discurso: "Me metí a la ducha y no pude respirar, grité y vinieron a auxiliarme, allí empezó la pesadilla. Todos en casa con covid, de inmediato aislamos a mis suegros, todo parecía estar bien, síntomas leves, yo me sentía bien más allá de ese episodio que te conté en la ducha. Dos semanas más tarde comenzó la tormenta, bajo la oxigenación, emergencia, tiene que ir urgentemente al hospital me decía el Dr. "no, se lo suplico, no quiero estar solo" te he contado que cuando llego a casa y no hay nadie, doy vueltas y vueltas hasta que alguien llega"….. "Irme al hospital me ponía peor, era estar solo, (llora) no he podido llorar, tengo mucho miedo de morir Margot, le pedía al Dr. que no me llevara al hospital que intentemos que me controle desde casa, mis hijas corrieron y me consiguieron hacer de este cuarto, una habitación del hospital, bombona de oxígeno, cama de hospital, eso me hace estar más tranquilo, pero tengo mucho miedo, dependo de ese aparato, si no funciona muero Margot, qué pasa si se desconecta, si me desconecto, no quiero morir, ayúdame, qué hago, quiero vivir pero sin eso (refiriéndose a la bombona de oxígeno) no respiro, muero" .

Otro paciente me cuenta, falleció la madre de mi amiga de infancia, está destrozada y yo también, estuvo dos semanas hospitalizada. Ayer llamaron a mi amiga del hospital para informárselo, terrible, ella también tiene covid y no podía ir la clínica a reconocer a su madre, me pidió si podía ir yo, cómo negarme si las conozco desde la infancia, era como mi madre. Fue horrible tener que reconocerla y ver tantos cuerpos envueltos en bolsas, uno encima del otro, parecía un sueño, no, más bien una pesadilla, que impacto, no lo podía creer. Cuerpos envueltos esperando ser reconocidos para llevarlos al crematorio...... me acompañó Berta menos mal, no pudo entrar, pero allí estaba, sin ella no sé que hubiera hecho (llora).... qué es todo esto que nos pasa, somos polvo, nada...... Nos fuimos a la funeraria y allí veo una caja encima de la otra, miles y miles, ingenuamente le pregunto a una persona, qué pasa, qué es eso... esperan a ser cremados me responde, no lo podía creer (llora)..... al rato viene alguien y me entrega una cajita, estaba caliente, no entendía porque estaba tan calentita, hasta que me di cuenta que era la Sra. Rosa, la acababan de cremar.

Así mismo, aparecen sueños constantes en los pacientes, relatos persecutorios los acompañan en todo este transitar, temor a contagiarse y no tener cupo para entrar en el hospital al estar todos saturados. Aquí transcribo el sueño de una paciente después de haber tenido a padres de edad vulnerable con covid, padres que nunca se cuidaron al pensar que el virus es un invento y seguir al presidente López Obrador en su discurso de abrazar a la familia y no usar cubre boca: "entraron unos atracadores a la casa y me pedían dinero, me daba mucho miedo pero sabía que tenía que darles todo lo que tenía, era cuestión de vida o muerte. Mi esposo se levanta quería pelear con ellos, pero no había nadie, pero ambos sabíamos que estaban allí, les grito que les doy todo, les abro mi bolsa para darles lo que tengo ahí, lo único que queríamos es que nos dejen con vida. Al rato, me paro de la cama, prendo todas las luces de la cocina, voy al garaje y no encuentro a nadie, pero sabía que alguien estaba allí, era como un fantasma, invisible pero presente".

Lo anterior son tan sólo algunos ejemplos de lo que acontece en el mundo interno de nuestros pacientes. Cada día aparece un familiar, amigo, vecino, enfermo, discursos como los anteriores se vuelven parte de nuestra escucha diaria, por no mencionar, la cantidad de desempleados, padres desesperados al tener que trabajar desde casa y no poder enviar a sus hijos al colegio, adolescentes que se rebelan a continuar confinados y se escapan pese a la negativa de sus padres, discursos culpógenos por haber contagiado a algún familiar y así, cantidad de sucesos que obedecen a la triste y desbastadora realidad que estamos viviendo.

Escenario que produjo un cambio en el devenir subjetivo que predominaba hasta el momento, en donde si bien, las vivencias subjetivas giraban en torno a ser un sujeto sin fisuras, sin límites, todopoderoso, ser un sujeto de acción, el coronavirus nos coloco dentro de un terreno subjetivo marcado por la fragilidad y vulnerabilidad del ser humano.

Recientemente y a propósito de la pandemia, leí un interesante artículo de Horenstein, que tituló: "El rey está desnudo, es imposible ignorarlo", en el mismo, da cuenta que ante una situación como la que estamos atravesando surge la necesidad de desmentir que el otro a quien necesitamos es al mismo tiempo el otro que puede contagiarnos, que ese Otro, sostenedor, tan necesitado, se encuentra en la misma situación de desvalimiento, perplejidad y desamparo. El rey está desnudo.

El rey, si queremos ubicarnos en esa posición, en tanto objeto de transferencia del paciente, está tan desvalido como aquel que nos consulta, ambos, estamos inmersos en la misma desnudez, es imposible ignorarlo. Ahora bien, cabe pensar, qué pasa con nosotros como analistas, cómo vivimos toda esta amenaza, cómo nos afecta, cómo escuchamos a los pacientes cuando nos encontramos con los mismos temores y ansiedades, cuando estamos tan desnudos como ellos. Cuál es el impacto de toda esta pandemia en nosotros.

De un día para otro nuestro dispositivo analítico cambió, pasamos del análisis presencial al análisis online, sin embargo, nada se detuvo, nuestro trabajo prosiguió bajo un formato distinto pero se mantuvo. Los pacientes siguen buscándonos bajo esta modalidad y nosotros seguimos, hora tras hora escuchando no sólo un padecimiento que cada vez se hace más cercano, sino proseguimos bajo un bombardeo de información que nos llega a través de múltiples vías. Qué hacemos con todo eso, cómo tramitamos ese camino compartido, ese jaque tan temido.

Ha sido llamativo la cantidad de webinar, video conferencias, congresos virtuales, diversos encuentros que desde

IPA, FEPAL y tantas otras Sociedades hemos sido convocados, plataformas de distinta índole nos permiten abrir un abanico de información inimaginable, nuevas herramientas nos acompañan en nuestro quehacer, pero, ¿dónde quedan nuestros miedos si prácticamente nada se detuvo en nosotros? ; ¿lo renegamos en pro de la vida?; ¿los encubrimos en la era de la imagen digital, intentando obturar aquello que proclamamos, la falta, la castración?.

Cuestionamientos que dejo abiertos para seguir pensando.

Bibliografía

Albeiro, A. (2018) " *De la ausencia al exceso de realidad, de la visibilidad a la transparencia, y de la entronización del objeto a la desilusión estética de Jean Baudrillard"*. Ergoletrías, No 5. Colombia.

Baudrillard, J. (1978). *"La sociedad de consumo. Sus mitos, sus estructuras"*. Barcelona: Ed. Plaza y Janés.

Bauman, Z. (1999). *"Modernidad liquida"*. Fondo de Cultura Económica de España. México. 2002.

Bodner, G. (2012)*"La subjetividad en tiempo de crisis"* . Temas de psicoanálisis. Sociedad Española de Psicoanálisis.

Camus, A. (1947) *"La Peste"*. Penguin Random House. México.

Freud, S. (1920). *"Psicología de las masa y análisis del yo"* . Tomo XVIII. Buenos Aires: Amorrortu.

..............(1927). *"El porvenir de una ilusión"*. Tomo XXI. Buenos Aires: Amorrortu.

.... (1930). *"El malestar en la cultura"*. Tomo XXI. Buenos Aires: Amorrortu.

Horenstein, M. (1920). *"Del "peligro extranjero" a la necesidad de cuidar a los demás de uno mismo"*. Calibán. Revista Latinoamericana de Psicoanálisis.

Mc Dougall, J. (1987) " *Teatros de la mente"*. Tecnipublicaciones. Madrid-España.

Narbona, R. (2020) . *"La peste: Albert Camus en los tiempos del coronavirus"* . Revista el cultural. España.

Margot Shrem

Psicóloga, maestría en Psicología Clínica. Psicoanalista Didacta de la Sociedad Psicoanalítica de Caracas, sociedad en la que ejerció varios cargos directivos. Full Member de la International Psychoanalytical Association y de la Federación Psicoanalítica de América Latina. Integrante del Comité de Comunidad y Cultura de Fepal (2018-2020). De la comisión fiscal de Fepal (2016-2018). Coordinadora del Comité de Cine y Psicoanálisis de la Sociedad Psicoanalítica de México (2018-2020). Supervisora didacta del Instituto Latinoamericano de Psicoanálisis (ILAP). Docente y supervisora de diversos postgrados de Psicoterapia Psicoanalítica en Caracas y México. Publicaciones de trabajos en revistas de psicoanálisis de Latinoamérica y en el libro *"Intolerancia a lo Femenino"*. Editorial Arquitechtum, 2014. México.

E mail: margotshrem@gmail.com

En compañía del COVID-19
Relatos clínicos

Soraya Díaz Yunis

Era marzo de 2020 cuando "se me hizo realidad perceptual" la amenaza cercana de un virus que se instalaría en nuestra cotidianidad: Los medios de comunicación anunciaban la detección de los primeros casos de COVID-19 en España, mi lugar de residencia, y, en breve, el decreto del estado de alarma, que exigía un confinamiento "preliminar", junto con la implementación de una serie de medidas preventivas, como suspensión de actividades presenciales "no prioritarias", incluidas académicas y laborales, que sería revisado con regularidad por agentes del gobierno, asesorados por equipos de especialistas y apuntalados en los dictámenes de organismos internacionales calificados.

El entrecomillado se corresponde con la vivencia de desconcierto ingenuo e incertidumbre que me produjo, en lo personal, la primicia noticiosa. Así fue mi primera aproximación a un fenómeno, de implicaciones ingentes, que apenas entraba en escena. Era el comienzo; la ingenuidad, vale aclarar, por un no saber como el de los niños, que son convertidos en espectadores pasivos de un acontecer que se cierne, inevitable, a su alrededor. Una noción superficial, en ese primer momento, de las dimensiones de esta nueva realidad biológica, que sacudiría la vida en el planeta durante mucho tiempo. No lo sabía o no quería saberlo. Preámbulo de renegación, que se encarnaba en un pensamiento aliado a la consideración de transitoriedad de una circunstancia de dimensiones mucho menos siniestras. Era mi locura privada. Enfrentar los cambios en el ejercicio profesional y el resto de la cotidianidad como una suerte de suspensión temporal, una pausa sentida en la intimidad de mi ser, con el júbilo con que un niño recibe la noticia de una inesperada, pero breve, interrupción de las clases. Poder quedarme en casa, desplegar mi afición culinaria para deleite propio y de mi familia, descansar. Un repliegue narcisista en la fantasía de una vuelta al amparo de los vínculos primordiales. Para el buen decir de mi salud mental, la vivencia de hallarme protegida en la calidez de una burbuja salvadora, duró muy poco. Juicio, criterio de realidad y pulsión de vida, se impusieron en la inevitable reflexión acerca de la situación, propiciada por la inminente exposición al escenario noticioso. Un flujo incesante de novedades diarias en torno a la extensión del virus en el planeta, cifras de personas contagiadas, síntomas y complicaciones, evolución de la enfermedad, número de personas fallecidas. Una hiperconciencia de la condición de finitud propia,

De los seres queridos y de los semejantes; una puesta a prueba masiva de la tolerancia a la incertidumbre. Es, como ha planteado recientemente Nasio (2021) en relación a los efectos de la actual pandemia en el sentir del individuo, la dificultad de proyectarse en mayor o menor medida hacia un proyecto de futuro, esbozo de un propósito figurado en el mañana, que atemperaría el sentimiento de zozobra.

La angustia que se dispara ante un panorama como éste, ha invocado un abanico de maniobras defensivas, desde unas más primarias, hasta otras, en apariencia, menos reñidas con la sensatez. No tardaron en surgir opiniones de expertos sobre las fuentes de contagio, medidas preventivas, momento de la extinción del virus etc.; pero, también, a un ritmo vertiginoso, videos, imágenes y textos de origen dudoso en las redes sociales, que sentenciaban fórmulas y métodos de higiene personal y ambiental, para neutralizar al intruso recién llegado, así como accesorios variopintos de uso indispensable en el contacto con el mundo exterior, para escapar del contagio ¿Es posible no preguntarse cómo se alcanza ese nivel de conocimiento sobre un virus de irrupción tan reciente? En la otra orilla, los que han necesitado desautorizar al discurso oficial, atreviéndose a participar, en pleno confinamiento, en concurridas protestas de calle contra las medidas en lo sanitario, lo económico, lo social; o los que asisten a fiestas o tertulias clandestinas; chistes a granel sobre la convivencia 24/7 forzosa con la pareja, familiares o compañeros de piso, la apariencia, o el aumento de peso pos confinamiento. Una gama de estrategias derivadas de la necesidad de amortiguar una angustiosa sensación de incertidumbre, de posicionarse a la delantera de un enemigo, instigador de la angustia paranoide, que amenaza con burlar la estabilidad anímica de la inclinación a sostener un imaginario de relativo bienestar, condición de un cierto equilibrio psíquico en el diario vivir. Ha habido mucho: omnipotencia, negación, desvalorización, comportamientos fóbicos, rituales obsesivos, aunque, también, manifestaciones de un sentido del humor salvador, no necesariamente maníaco.

Otra desafortunada contingencia, impuesta por el coronavirus, es la restricción de que las personas contagiadas puedan ser acompañadas por sus otros significativos. Es un escenario profundamente penoso para todas las partes. También lo es la prohibición de desplegar el consabido ritual funerario, del que, como psicoanalistas, sabemos contribuye a inscribir la pérdida en el psiquismo y a una mejor elaboración del duelo. Ha sido una conmoción en nuestros hábitos socioculturales más arraigados, que tienen una valiosa razón de ser en la protección del aparato psíquico (Arredondo, 2021).

Por otra parte, es cierto que esta nueva realidad invita a pensar sesudamente sobre aspectos de la vida que, a veces, se dejan relegados. La contaminación ambiental, el cuidado del planeta y, con ello, de los otros. La importancia del acercamiento afectivo en los vínculos. El cambio urgente a una postura más empática y activa en el logro de una mejor calidad de la vida. No hay manera, al menos, para muchos de nosotros, de no salir transformados de este panorama inédito ¿Habría que pensarlo como dos caras de una misma moneda? Cabe aquí el comentario lúcido de Caparrós (2013) en torno al asunto del orden y el caos, en el que ve un par articulado de situaciones, donde el orden es un territorio comprendido en un conjunto que lo excede: el inevitable caos. Los cambios atemorizan; es por ello que profundizar en la comprensión de esta dinámica requiere de un código diverso. La ciencia, la vida, se desarrollan en una síntesis entre contradicciones; es necesario abandonar una fase, postura o pensamiento que se declara sin vigencia, para acceder a un devenir en evolución. Vemos que si bien donde existe la vida hay repetición, el exceso de repetición conduce a constricción de un ciclo y a la muerte. Estabilidad e inestabilidad, equilibrio y desequilibrio, se encuentran forzosamente.

Ha sido extenso el embate de la peste del momento, cruzando intrusivamente el territorio de lo humano, social, individual y subjetivo, con su roce ineludible en nuestra práctica clínica. Lo primero, el anuncio formal, a los pacientes de asistencia presencial, del cambio al setting virtual. En lo concerniente a mi propia experiencia, diré que unos aceptaron, otros se rehusaron e insistieron en retomar las sesiones presenciales cuando fuera posible; una paciente ni siquiera atendió a mi llamada telefónica y solo permitió la comunicación mediante la vía de los mensajes de Whatsapp, para explicar que reanudaría las sesiones cuando pudiera ir al consultorio. En el caso de uno de los pacientes más jóvenes, Felipe, la propuesta de continuar virtualmente no fue admitida por los padres, quienes apostaban a la brevedad de la situación, añadiendo el argumento de un innecesario esfuerzo logístico adicional en la ya comprometida rutina -asideros de la resistencia en la realidad externa-. O, tal vez, temor a agregar una fuente potencial de contagio, con las salidas del chico al consultorio. Aunque, también, es cierto que Felipe entraba en la pubertad y, a poco más de un año de tratamiento, empezaba a dar un giro, desde una actitud complaciente, un tanto sumisa, al talante más oposicionista y desafiante, propio de la adolescencia. Ya los padres se habían mostrado descontentos con estos vientos de cambio y una suspensión del tratamiento pudo, inconscientemente, caerles como anillo al dedo. De hecho, cuando anuncié el reinicio de la consulta presencial, los padres, con quienes había mantenido contacto regularmente para saber de la situación física y psíquica de mi paciente, así como reiterarles mi disponibilidad para atenderlo, me escribieron un largo mensaje, donde manifestaban su gratitud por mi interés, junto con su decisión de postergar la reanudación del tratamiento hasta septiembre, cuando estaba previsto el reinicio de la asistencia al colegio. Felipe no volvió. Cuando solicité confirmación de la fecha de su retorno a la consulta, no obtuve respuesta.

Con otro paciente, Manuel, un niño de seis años de edad, ocurrió que, de entrada, tomé la decisión de interrumpir el tratamiento hasta que pudiéramos vernos, nuevamente, en el consultorio. Conscientemente, me apoyaba en el argumento de que su temperamento impulsivo que, a veces, derivaba en arrebatos de hiperactividad, haría inviable el curso de las sesiones virtuales. Era mi propia resistencia que me llevaba a no hacer el intento de abordar las sesiones, ya difíciles con el chico en el consultorio, en una modalidad que, pensaba, resultaría estéril y agotadora. Sin embargo, al cabo de unos días me animé a probar, cuando el padre me contactó para que intentara hacer las sesiones virtuales, explicando que lo notaba irritable y preocupado por el bienestar de la familia, especialmente por el suyo (el del padre), que seguía yendo diariamente a su lugar de trabajo; había vuelto la dificultad para quedarse dormido en su habitación, demandando la presencia parental o trasladándose a la habitación de los padres durante la noche; se quejaba de la suspensión del contacto con sus amigos y compañeros del colegio, de la permanencia en casa y, dada su edad, no comprendía el impacto de la situación; el alcance de su comprensión cognitiva, para el momento, restaba a su capacidad de tolerar la frustración.

En la primera sesión virtual, Manuel parecía contento de reanudar su contacto conmigo. Me mostró unos dibujos que había hecho recientemente. Eran muchos. En algunos había trazado con lápiz unas figuras humanas, que quedaban literalmente tachadas por un garabateo, en color rojo o naranja, extendido por toda la hoja. En otros, había coloreado especies de numerosos círculos en distintos colores. Llamaba la atención el descontrol exagerado en el coloreado, que apuntaba a una vivencia angustiosa, seguramente estimulada por las alteraciones en la realidad externa, que le resultaban difíciles de asimilar, y de las fantasías inconscientes que la situación reanimaba. Sobre los dibujos, contaba que los garabateados eran "unos hombres malos a los que había que eliminar" o "unos hombres a los que alguien mataba", mientras que los de círculos repetidos representaban "la invasión del coronavirus".

Alternaba el relato en torno a sus dibujos, con observaciones sobre la ausencia de su padre por motivos de trabajo. Comprendí que la pandemia avivaba fantasías parricidas que le producían angustia ("unos hombres a los que había que eliminar"), y, asimismo, fantasías de una retaliación ("unos hombres a los que alguien mataba"; "la invasión del coronavirus") que amenazaba con dejarlo privado de objetos, también amados, y de su propia vida. A partir de la siguiente sesión virtual, Manuel comenzó a mostrar disgusto con el encuadre; insistía en que deseaba volver al consultorio y, luego, "desaparecía" en un punto ciego de la pantalla, como jugando a las escondidas. Tenía que obrar como agente activo, para sortear el sometimiento a una situación que lo cercaba y que, de alguna manera, atribuía a la arbitrariedad y hegemonía de la gestión de los adultos, incluida su analista. Era su posibilidad de sentir y mostrarme que podía dejarme (dejarnos) a su "libre albedrío", tras haber sufrido mi abandono, el de su padre, maestra y amigos. Al principio, lo hacía en ánimo jocoso, pero, en las dos sesiones siguientes, manifestó abiertamente su desacuerdo con la continuación de la modalidad virtual. Amenazaba con apagar el dispositivo; inicialmente, reprodujo el juego de esconderse y reaparecer, hasta que ejecutaba su anunciada desconexión, varios minutos antes de que concluyera su hora. Así, sentía que tenía la potestad de aparecer y desaparecer, o abandonarme cuando él lo decidiera. Entendí que este cambio en el encuadre suponía, además, para Manuel, una invasión en su intimidad.

Apenas declararon el cese del confinamiento y se abrió la posibilidad de asistencia a la consulta, el padre del niño sugirió el reinicio de las sesiones presenciales. En ese momento, se me hizo patente mi propio temor a ser contagiada. En esa conversación telefónica, enfaticé la necesidad de que el niño consintiera permanecer con mascarilla los cincuenta minutos de la sesión, circunstancia que, sabía, no estaba en manos de los padres y que anticipaba como difícil de controlar en el consultorio. Además, asumía que mi paciente no respetaría la distancia física recomendada para aminorar el riesgo de contagio. Probé con la pantalla facial, junto con los lentes, que no necesariamente requería durante toda la sesión, y la mascarilla. El conjunto de todos estos accesorios resultaba sofocante y me di cuenta de que estaba tratando de extremar precauciones, a causa del miedo al contagio que me atizaba la sensación de vulnerabilidad, la angustia de muerte. Poder recoger el imaginario propio, me permitió tomar la distancia verdaderamente pertinente, la originada en la diferenciación entre el inconsciente del paciente y el de uno mismo, para proseguir en mi función como analista y captar lo que Manuel me mostraba de su realidad psíquica. Durante semanas, repetía en las sesiones un escenario similar, con algunas variaciones, en el que formaba, con juguetes, dos ejércitos enemigos: uno, de virus y bacterias, el otro, de defensas inmunitarias. En la batalla, siempre resultaba victorioso el primero, que destruía masivamente a los integrantes del segundo. Tras las vacaciones de verano y la reanudación de las actividades escolares, esta dramatización siguió ocupando las sesiones durante varias semanas, precedida de las novedades sobre el contagio de maestras y compañeros de colegio, con la observación de que no le temía al coronavirus, que él no lo tenía y su padre tampoco. Darle curso a sus asociaciones, vincular sus relatos con sus escenificaciones lúdicas, como representación de sus angustias respecto a la muerte y la posibilidad de pérdida, fue contribuyendo a deponer defensas más arcaicas, abriéndose, así, el espacio para una asimilación de una realidad abrupta, novedosa y amenazante. Durante un tiempo, disminuyeron los juegos bélicos, estuvo más centrado, menos inquieto en las sesiones. Concurría con un discurso mejor hilvanado, con menos fluctuaciones conductuales, señal de que se encontraba menos invadido por la angustia. Aunque prosiguió, durante un tiempo, llevando a la sesión noticias de personas contagiadas en su entorno escolar, lo que, sin duda, era señal de cierta angustia, me mostraba libros que se había animado a leer fuera de las asignaciones escolares, cuentos e, incluso, novelas infantiles, comentaba situaciones vividas en casa, en el colegio o en otros entornos sociales, mientras dibujaba o proponía algún juego de mesa, o, sugería un juego menos estructurado, más ligado a un equivalente asociativo, como el esconder mensajes en clave en diferentes lugares del consultorio, alternando conmigo los roles del buscador. A la vez, había disminuido su interés por los videojuegos, los videos de You Tube, el engolosinamiento en la realidad virtual que le dejaba disociado de otras realidades.

La evolución del tratamiento de Manuel me lleva a suscribir el planteamiento de Marcano (2020, 2021), sobre la necesidad de las vacunas mentales que asistan al rescate del psiquismo, contribuyendo al bienestar somático. Una de estas vacunas es la posibilidad de darle representación mental, en el espacio analítico, a la angustia y los miedos ligados a fantasías inconscientes que no han sido tramitadas mediante la palabra; lo no dicho-no representado. En el caso de Manuel, entiendo que la evolución del tratamiento, durante la pandemia, se enraizaba en la función continente del encuentro analítico. Escenificar sus fantasías terroríficas para poder contarlas, le devolvió un contenido menos turbio, más modulado de las pulsiones agresivas, con la posibilidad de convocar una mayor participación de la pulsión de vida. Mejor y diferente que permanecer engolosinado en una espiral de pulsión de muerte, aumentando su vivencia de fragilidad, que lo hacía buscar refugio en la disociación, mediante una afición pertinaz a las pantallas de dispositivos que ofrecen la ilusión de una realidad amable o divertida, impidiendo tramitar los fantasmas inconscientes que, de seguro, irrumpen en actuaciones o se traducen en síntomas somáticos y distintas alteraciones fisiológicas. Una suerte de retículo aliado en el rescate de la pulsión de vida, que, aun cuando comporte dar el salto hacia el encuentro con lo angustioso, permite dejar en evidencia el soterrado subterfugio de la pulsión de muerte, capaz de introducir al sujeto en el espejismo seductor de una circunstancia placentera de fácil alcance, que termina en detrimento de la existencia.

Las invariantes del encuadre mantienen a raya ansiedades primitivas, que se muestran con mayor desparpajo ante situaciones de alteración del setting analítico. Situaciones como la pandemia, con extenso su impacto en la cotidianidad, en nuestro quehacer profesional, nos ha dado ocasión de lidiar con movimientos más regresivos de la mente humana. Otro ejemplo, consta en el caso de Marta, la paciente antes mencionada, que rehusó la alternativa de proseguir el análisis de forma virtual, evitando, incluso, hablar por teléfono conmigo; llevaba pocos meses en tratamiento; había perdido a su padre siendo muy niña, en una circunstancia repentina. No tenía recuerdos del incidente y le resultaba difícil traer a la memoria vivencias de su infancia. Su motivo de consulta manifiesto residía en un malestar que la acuciaba cuando empezaba a involucrarse afectivamente con los hombres con quienes salía. A partir de ese momento, era invadida por una angustia persistente, por una sensación de enorme incertidumbre respecto a la reciprocidad en el afecto y compromiso de la pareja de turno. Interpretaba los intervalos entre encuentros, como señal inequívoca de abandono inminente y tomaba la decisión de romper la relación. Que pagara, casi invariablemente, en efectivo, tras cada consulta, era un indicador de su anticipación al cese inminente de los vínculos. Además, acusaba, sin darse cuenta, un mayor interés de la madre en su hermana, que le despertaba, en el presente, una impresión dolorosa, cuando aquélla se desligaba, ocasionalmente, de reuniones familiares para salir con su pareja. Una huella traumática, no ligada a la representación psíquica, la llevó a reproducir la experiencia de pérdida prematura del padre y el imaginado desinterés de su madre, vividos como abandonos flagrantes, en la suspensión de las sesiones presenciales. Aquello fantaseado, no pensado, terminó por inducir al acting out de la interrupción de su tratamiento. Como si dijera: más vale irse, antes que ser dejada. De nuevo, un giro de la compulsión a repetir.

En el caso de Juan, otro paciente adulto, que inició su análisis hace un par de años, la interrupción de las sesiones presenciales, se acomodó a sus rasgos fóbico-obsesivos. La cuarentena resultó en la sensación de alivio de una angustia desplazada en situaciones que requerían su salida de casa, en las que anticipaba la ocurrencia de algún suceso nefasto. Eligió la modalidad telefónica para dar continuidad al tratamiento, aduciendo fallas del Internet en su zona de residencia. La pandemia parecía suministrarle la ilusión de un panorama existencial más homogéneo a las vidas de otros. Como si, finalmente, la apremiante fantasía de catástrofe, se hubiera materializado y, paradójicamente, le produjera un estado de alivio.

Cabe señalar que la necesidad de contar con el cuidado amoroso de figuras primordiales al inicio de la vida, como elemento protector del psiquismo, cobra vigencia particular en épocas de crisis, como ésta de la actual pandemia. Es lo que facilita la incorporación, por vía de las identificaciones, de la capacidad del sujeto de cuidar de sí mismo e, incluso, de tolerar las frustraciones e incertidumbre producidas por la emergencia de eventos desfavorables, sin tener que recurrir a la búsqueda indefectible de un ente responsable de la adversidad. Sin ensañamiento en la crítica o repudio de la gestión de figuras de autoridad, se vive el infausto evento sin denunciar con certeza incuestionable la ineficacia, desidia y, aún más, la alevosía de representantes parentales. La pandemia, como otras situaciones de crisis, ponen al límite el equilibrio psíquico, desatando, en algunos casos, angustias paranoides reñidas con la capacidad de gratitud y percepción de las bondades de esos otros vistos como cuidadores obligados. José, otro de mis pacientes, se enfrascaba en una lucha por redimir a las figuras de autoridad públicas, frente a las críticas altisonantes de personas conocidas. Los detractores encarnaban su propio odio a los padres de su mundo interno, en tanto que su postura redentora derivaba del amor a dichas figuras. Él mismo, durante su infancia, se sintió expuesto en incidentes vividos como indiferencia parental y la diatriba del presente era una oportunidad de zanjar su conflicto de ambivalencia. Es como presume el relato breve de Gaarner (1997), en tono de cándido cinismo, sobre la permanencia de la ilusión de un cuidado garantizado, que entraña el sentirse hijo obediente del Estado, atento y observador de la norma, puesto que las autoridades que la dictan serían eficientes centinelas, imposibles de burlar por cualquier evento nocivo de lo real. Parafraseando a Nasio (2021) y a Oliveros (2021), diríase que nos hallamos, con el devenir de la pandemia, ante un pico inicial de ilusión- confianza en figuras cuidadoras, encarnadas en los gobernantes, el personal médico sanitario y otros funcionarios, a los que se atribuye la gestión de resguardar a los ciudadanos-hijos, del contagio, la muerte y, hasta del cese de la pandemia; seguido de un ciclo de frustración, desengaño e ira, respecto a los ahora "padres" incompetentes, expresado en protestas, oposición a las medidas de protección, e incluso, al reconfinamiento.

Sin duda, ha sido enorme el impacto de la pandemia del coronavirus a nivel social, político y económico. Podemos afirmar que las consecuencias apenas comienzan a verse. Asimismo, en mayor o menor cuantía, la pandemia ha marcado la mente del sujeto humano, desatando síntomas, movilizando defensas diversas ante la angustia, pero, también, hay que admitir, una mayor capacidad empática en el pensamiento colectivo. Dirigir la mirada al semejante de otras latitudes, a la recuperación de la naturaleza circundante, tan ignorada en nuestro apresurado vivir, nos da una dimensión distinta respecto a otros tópicos que   pueden ser fundamentales en la propia existencia.

Bibliografía

Arredondo, M. (2021): La ritualidad en tiempos de pandemia. Cómo matar la muerte. https://www.*pagina12*.com.ar/325815-la-ritualidad-en-tiempos-de-pandemia-como

Caparrós, N. (2013): El caos, un nuevo espacio para la psicodinámica. En Caparrós,

N. y Cruz, R. (Coordinadores) *Viaje a la complejidad*, pp. 84-102, Biblioteca Nueva, Madrid, 2013.

Gaarner, J. (1997): *El horizonte* (Traducido del noruego por Claudia Conde y Anders Forsberg). En Buchholz, Q. (compilador) El libro de los libros, pp. 8-9, Círculo de lectores, Barcelona, 1998.

Marcano, S. (2020): Pandemia viral y su correlato mental desde el psicoanálisis. En https://www.sbprj.org.br/post/revista-trieb-pandemia_2020-digital

Marcano, S. (2020): Virus y otras infecciones que nos habitan. En https://www.prensa.com/impresa/opinión/virus-y-otras

Nasio, J. D. (2021): Depresión Covid: Por qué es inédita y cómo el coronavirus nos afectará a largo plazo. Entrevista realizada por María Laura Avignolo. En Clarín, https://depresión-covid-por-qué-es-inédita-y-cómo-nos-afectará-a-largo-plazo

Oliveros, S. (2021): El embrujo COVID 19: la depresión silenciosa. En https://grupodoctoroliveros.com/el-embrujo-covid19-la-depresion-silenciosa

Soraya Díaz Yunis

Licenciada en Psicología.
Psicólogo Clínico.
Psicoanalista.
Miembro de la Sociedad Psicoanalítica de Caracas (SPC).
Miembro de la Federación Psicoanalítica de América Latina (FEPAL), y de la International Psychoanalytical Association (IPA).
Supervisora externa de Prácticas Clínicas en la Especialización en Psicología Clínica, posgrado de la Universidad Central de Venezuela- UCV (1996/2010).
Profesora de Prácticas Clínicas en la Especialización en Psicología Clínica, UCV (2010/2012).
Supervisora de casos clínicos en el Diplomado de Niños y Adolescentes de la SPC (2011/actualidad).
Práctica privada en psicoanálisis de niños, adolescentes y adultos.
E-mail: sorayady@gmail.com

Un paseo con un niño.
De lo individual a lo vincular

TERESA NORA POPILOFF

Desde siempre tuve intenciones de trabajar en la clínica con niños.

Descubrí mi credulidad! Haber pensado que se podía conocer o comprender qué es un niño con sólo interpretar, construir el niño en el adulto.

El psicoanálisis de niños había sido desplazado hacía los márgenes del psicoanálisis. ¿Sería porque su presencia perturbaba el supuesto interior de la teoría?

El trabajo con los niños me ayudó a cambiar mi punto de mira. Me refiero a esa manera psicoanalítica de percibir que no ve del mismo modo que la mirada médica. Pienso en la observación psicoanalítica que Freud colocó en pie de igualdad con el trabajo clínico, a los fines de aquella investigación que el psicoanálisis se prometía realizar.

Comprendí la profundidad del pensamiento de Winnicott (1979) cuando nos dice "no existe tal cosa llamada bebé". Comprendí que un niño, su familia, lo social y sus múltiples producciones se presentan como un entramado, consecuentemente, entendí la paulatina constitución del sujeto niño como producción de sus vínculos.

No abandoné mi interés en los niños y hacia lo vincular se dirigió entonces mi curiosidad. Me había resultado evidente que la constitución de ese sujeto individual se había pensado forjada fundamentalmente en el seno de lo familiar.

El dispositivo familiarista -me refiero a la familia nuclear burguesa, matriz productora de individuos, ofrecida como prototipo de la familia universal –había reforzado entre sus efectos la idea de que la familia es una especie de instancia pre social que, dándose antes de las relaciones sociales e independientemente de éstas, establecía la jerarquía de lo primario fundada en lo familiar, relegando lo social al orden de lo secundario.

Me pregunté entonces si acaso podía disociarse lo familiar de lo social. ¿Podía lo familiar ser pensado sin lo no familiar? ¿Cómo delimitar un afuera de un adentro? ¿Cómo sostener la interioridad de un adentro sin la coexistencia de la exterioridad de un afuera cuando el afuera atraviesa originariamente cualquier ámbito que se supone cerrado sobre sí?

No me detendré aquí en todos los dispositivos tecnológicos, supuestamente exteriores a un espacio familiar que ya están presentes, instalados en el corazón mismo de lo familiar. Estamos enredados, las redes atraviesan las fronteras de todas las instituciones (familia, escuela, estados). El afuera está en el adentro atravesándolo, parasitándolo, alterándolo. Somos seres sociales, somos con. Los otros siempre están cuando nace el infante humano y no me refiero solamente a los padres.

Pensé que para mantener viva la actitud analítica en la que consiste nuestra tarea, resultaba necesario desterritorializar esa perspectiva familiarista que trabaja en contra de nuestra capacidad de pensar más allá de lo establecido.

Me pregunté qué haríamos entonces con esa herencia, con esa teorización que viene antes de nosotros, que recibimos incluso antes de elegirla. Desde sus inicios el psicoanálisis no se conformó con la reproducción de lo mismo. ¿Podríamos los analistas animarnos a abandonar ciertos formatos de escucha y de interpretación con los cuales estábamos nutridos, incluso a fuerza de repetición?

¿Podríamos comportarnos de un modo "desobediente", elegir aquella parte que mantendríamos viva y sostener así esa promesa de liberación que supone el psicoanálisis al buscar lo desafiante, aquello que va en contra de lo instituido?

Hoy diría que si pensamos en las últimas generaciones de analistas y de pacientes veremos que ambas están íntimamente asociadas al desplazamiento de esa matriz familiarista. Nos encontramos ante una "turbulencia social" que produce efectos por el lado de la práctica y de la formación psicoanalítica.

Si bien estamos atravesados por modos de estar en pareja así como por modos de asumir el género según configuraciones de otras épocas, hoy las cosas parecieran no estar en su lugar. Las familias y parejas se han quedado sin sus lugares instituidos "de siempre".

Hoy no hay una forma que prefigure al modo de estar juntos. Una relación no tiene formas predeterminadas, no hay esencia. Los modos de una relación son producidos por la misma relación, en inmanencia. Encontramos tantas formas de relacionarse como producción de vínculos hay, lo cual constituye una tensión tanto para el analista como para los pacientes.

El psicoanálisis- a su modo -descentró al sujeto individual. Lo descentró de sí mismo abriéndolo a la alteridad, a la experiencia de lo inconsciente, siendo lo inconsciente aquello que puso en jaque la soberanía del sujeto cartesiano cierto de sí mismo, soberano de sí, cerrado sobre sí.

Freud nos legó un modelo, un vasto cuerpo teórico, luego ampliado por Melanie Klein, donde la idea de realidad interna funcionaba como un marco y también como un encierro conceptual. Esa concepción representacional, especular de la subjetividad se centraba en el sujeto individual y se concebía desde la identificación y la proyección. La noción de realidad interna no se podía expandir a la relación con otro u otros que no fueran pensados como objetos sino como sujetos. No se pensaba describir psicoanalíticamente un encuentro con otros del cual no se tenía representación, me refiero a pensar en una relación propia e inherente a esos dos.

Mi experiencia con los niños, el recorrido teórico clínico -con desviaciones- me llevó a la deconstrucción del sujeto individual (niño y adulto) y me encontré con formas de subjetividad tensadas desde el afuera. Hallé las múltiples posturas incluidas dentro de la teoría de la intersubjetividad.

Me refiero a los modelos psicoanalíticos interpersonal, inter-subjetivo, motivacional y relacional.

Si bien señalar sus diferencias requeriría un extenso espacio menciono la figura de Jessica Benjamin dentro del psicoanálisis relacional, autora que se ha centrado fundamentalmente en el espacio entre las relaciones entre sujetos y quien oportunamente expresó que la relación del sujeto con un objeto, en lugar de con otro sujeto, tuvo enormes consecuencias para la clínica y la teoría.

Si bien en su teorización produjo un corrimiento desde la relación sujeto objeto hacia la relación sujeto otro, su posición era eminentemente intersubjetivista, en tanto pensó las relaciones entre dos o más sujetos. Su concepción - basada en la capacidad del infante activo y social de responder al otro, diferenciarlo y diferenciarse- puso el acento en la necesidad del reconocimiento mutuo, ésto es, en la necesidad de reconocer al otro y ser reconocido por él.

En Los lazos de amor, revisó el constructo del poder irracional de la madre regresiva y simbiótica, frente a la que el padre se erigía como una fuerza luminosa, una autoridad racional. Refiere que "Estaba impaciente por encontrar una manera fuera del callejón sin salida, en el que se consideraba necesario al padre edípico para romper la díada materna a fin de que el niño ingresara a la sociedad" (Benjamin,J., 1996)

Así como el sujeto se vio desinteriorizado y descentrado de sí también la familia se vio desinteriorizada, descentrada ¿y acaso desedipizada también? dejando de funcionar como matriz, me refiero a una matriz reguladora del psicoanálisis. El descentramiento del sujeto conllevaba el descentramiento de esa familia nuclear que lo constituía.

Preferí entonces en aquel momento, referirme a la familia apelando a la noción de "multifamilia" de García Badaracco (1990, 2000) para dar cuenta de nuevas producciones intersubjetivas ya no entre padres e hijos sino entre niños y adultos significativos convivientes.

Si bien lo multifamiliar propuesto por García Badaracco excedía el modelo de familia tradicional, la clínica y sucesivas lecturas me llevaron a pensar en términos de producción vincular.

Es desde esta perspectiva vincular que dejé de pensar a un niño como hijo retirándolo del entramado parento filial para abrirlo a una experiencia de niño como tal. Un niño no precede al vínculo sino que éste es condición de aquel. Dicho de otra manera un niño no se distingue, no se diferencia de lo vincular mismo, de lo que sucede entre. Un niño es el jugar, el gatear, un niño es esa misma experiencia. Es a esta producción a la que - junto a otros autores- denomino vincularidad.

Alejandra Tortorelli (2000) nos propone "una configuración que nos permita pensar desde lo vincular sin que ésto sea deudor de una entidad precedente".

El término vínculo fue adquiriendo en los últimos años una variedad de sentidos por lo cual resulta conveniente depurar qué sentido da cada autor a este concepto y acostumbrarnos a pensar que los términos tienen sentidos diversos en el contexto de la teoría en la que se inscriben a pesar de que el término deba soportar el mismo nombre.

La teorización argentina de "lo vincular" ha tenido y tiene una importante influencia en mi pensamiento. Es indispensable incluir a Madeleine y Willy Baranger con su teoría del campo, a Pichon Riviere a Isidoro Berenstein y a Janine Puget.

Quisiera destacar aquí que no pienso el vínculo como sustantivo sino que prefiero pensar en términos de vincularidad o de lo vincular. Sería necesario desmistificar la idea de que el vínculo es algo que sucede secundariamente a dos o más sujetos constituidos. No habría sujeto concebido como un sí mismo individual que preceda al vínculo. No habría entonces un sujeto individual que originariamente no esté ya expuesto al otro. La misma noción de vincularidad destituye al sujeto.

Esa producción entre, no se funda ya en la identificación y la proyección sino que se concibe como el trabajo de una diferencia constitutiva y destitutiva que altera los términos de la relación, no pudiendo concebirlos ya independientemente uno del otro; es decir, individualmente. Mientras que la concepción especular tiende a abolir la alteridad del otro como dimensión constitutiva y destitutiva de la subjetividad (yo no puedo permanecer en mí mismo), la concepción vincular, por el contrario, funda la posibilidad de los vínculos en una alteridad irreductible. Para la concepción vincular, un vínculo es el trabajo de una diferencia y no la identificación de una semejanza. Trabajo de una diferencia que no haya reposo en un ya constituído y que socava la idea de un sujeto original previo al vínculo.

La concepción psicoanalítica tradicional propone la idea de un sujeto primordial que después sería alterado por lo otro, por el afuera, por lo social, en tanto que la concepción vincular que propongo considera ese afuera de manera paradójica como "lo secundario primario", entendiendo por ello la posibilidad de inscripciones inéditas productoras de aquello que podría llamarse subjetividad vincular.

¿Pero existe tal subjetividad vincular? ¿Podemos seguir pensando en términos de sujeto o estamos en camino de destituir ese sujeto que viene acompañándonos?

¿Seguiremos necesitando la idea de sujeto si pensamos desde lo vincular?

Encuentro en Percia, M. (2014) un planteo cercano a la inquietud que intento transmitir y que en mi recorrido partió de eso llamado niño hasta encontrarme con lo vincular.

Percia se pregunta:

> "*¿Qué sucede si se intenta pensar, hasta las últimas consecuencias, sin la fábula de sujeto? ¿Cómo sería la vida sin las ideas de ser, identidad, sí mismo, psiquismo?, ¿cómo sería sin relaciones de propiedad (mi cuerpo, mi pensamiento, mi vida) y sin relaciones de atribución (heroico, seductora, psicótico), ¿cómo serían las proximidades y distancias entre dos, tres, veinte, miles, sin la idea de unidad?"*.
> Percia, M. (2014) (pag. 8).

Desde una perspectiva vincular, el ser con nos expone a un afuera, a una exterioridad que inevitablemente hace mella en la supuesta interioridad del sujeto y en su supuesta individualidad. Una relación se entiende como el trabajo de esa exterioridad que perturba, que hasta diríamos socava, la identidad del sujeto concebido como un sí mismo individual e interior.

La misma noción de existir expone esa exposición, en tanto significa estar arrojado fuera, tal como nos sugieren desde su etimología el prefijo ex (hacia fuera) y el verbo sistere (estar colocado, parado).

¡Cuán diferente es a la exposición la noción de sujeto desde una perspectiva etimológica en tanto ésta alude no sólo a lo que yace debajo sino a lo que funciona como soporte de acciones y atributos! Interesante espacialidad que nos lleva de lo supuesto a lo expuesto.

Hoy diría que si intentáramos radicalizar la cuestión podríamos llegar a pensar que ese entramado vincular, esa *apertura al entre*, esa exposición inevitable que no es la expresión de un sujeto frente a otro sujeto, implicaría no sólo el cuestionamiento de la propiedad del sí mismo sino la eventual desaparición de la misma noción de sujeto. Y con ésto último a la desaparición de la comprensión de las relaciones en términos de intersubjetividad.

Si el psicoanálisis prescindiera de la categoría de sujeto, ¿seguiría siendo psicoanálisis? Responderlo es un reto. Lo cierto es que en nuestro tiempo, la subjetividad está fuera de lugar.

Probablemente lo dificultoso del planteo vincular y que constituye todo un desafío, es justamente no pensar en términos de sujeto sino en términos de entre.

La singularidad, la *producción entre*, en tanto proceso de subjetivación vincular, nunca termina de cristalizarse en la figura de un sujeto. La diferenciación es un proceso infinito y es con esos procesos perpetuos de diferenciación con los que trabajamos los analistas.

La teorización winnicottiana, su reflexión sobre la experiencia de los límites y el pensamiento paradójico nos puede ayudar. Winnicott nos ha enseñado a pensar en la situación analítica lo que denominaré "conjunto de bordes difusos", situado en la intersección de las relaciones analizandoanalista. El analista, concebido como objeto transicional, adquiere, debido a ello, una función nueva. Winnicott dice "crear lo dado" refiriéndose a un objeto en un espacio transicional. El objeto transicional "es" y "no es" y tal es la paradoja central que debemos aprender a tolerar. Diría que la transicionalidad en Winnicott es un pensamiento del afuera. La transicionalidad, con las diferencias que tiene con lo vincular, es un pensamiento que no conduce a la interioridad del sí mismo, no construye un sujeto centrado en sí. Lo paradójico en lo vincular es que aquello que nos constituye nos destituye. Uno es las relaciones y por ello uno no es uno. Ese manojo, esa pluralidad que nos constituye nos destituye en la pretensión de ser un sujeto individual finalizado, de ser uno mismo.

De aquí la importancia de la clínica como experiencia de producción que nos libere de interpretaciones rígidas.

Proponer la necesidad de revisar cómo entendemos hoy una familia no debe alarmarnos. La familia no es eterna, si bien "siempre habrá no la familia sino algo llamado familia, lazos, diferencias sexuales, "relación sexual" (incluso allí donde no la hay, como diría Lacan), un lazo social alrededor del alumbramiento". (Roudinesco, E., 2009, pag. 48).

Tengamos presente que la matriz familiarista y también la perspectiva intersubjetiva son eminentemente personológicas; de alguna manera descuidan la materialidad del mundo, el crear lo dado, el hecho de que estamos producidos por una mixtura, una textura que no recorta sólo personas.

Si salimos del entramado familiarista nos encontramos no sólo con que hay muchos otros sino con infinidad de producciones no personológicas. La *producción entre* a la que me refiero desde lo vincular no es sólo entre personas.

La familia como multiplicidad heterogénea, requiere que la abramos a la materialidad del mundo; salir del personologismo al que estamos acostumbrados. El mundo es de una heterogeneidad asombrosa. Una familia no está hecha sólo de personas; ni siquiera una persona está hecha solo de personas.

En este recorrido, en el que me refiero a un niño y no a un

hijo, he tratado de mostrar a través de la figura del niño la deconstrucción del sujeto individual así como la deconstrucción de la familia. Para el psicoanálisis -en su concepción más conservadora- el niño quedó frecuentemente reducido a hijo, lo cual no sólo empobrece el ser del niño, impidiendo y reprimiendo la capacidad de verlo más allá de su lugar de hijo, sino que reduce, a su vez, a los adultos significativos a la exclusiva función padre-madre. El mundo edípico no es todo el mundo del niño. Tampoco el de los adultos significativos. El complejo de Edipo deja poco lugar al niño como existente desfamiliarizado, al niño concebido como experiencia de niño.

Resulta curioso pensar que experiri, de donde deriva experiencia, alude a salir a dar una vuelta, a dar un paseo.

Cuando un niño juega deviene el jugar, alcanzando una zona de vecindad en la que ya no puede distinguirse entre él o ella y aquello en lo que se está convirtiendo. Sale al mundo, lo explora. Es experiencia.

Bibliografia

Baranger, W. Y M. (1969) : *Problemas del campo psicoanalítico*. Buenos Aires, Argentina. Ediciones Kargieman.

Baranger, M., Baranger, W. (1961): La situación analítica como campo dinámico. Montevideo Uruguay *Revista Uruguaya de Psicoanálisis*, 4.

Benjamin, J. (1996): *Los lazos de amor. Psicoanálisis feminismo y el problema de la dominación*, Buenos Aires. Argentina. Paidós.

Deleuze, G: Lo Que Dicen Los Niños Recuperado en febrero 2021 de file:///C:/Users/Usuario/Downloads/16TUT_Deleuze_Unidad_2.pdf

Derrida, J. (1997): *Resistencias del psicoanálisis*. Buenos Aires. Paidós.

García Badaracco, J. (2000) *Psicoanálisis multifamiliar: Los otros en nosotros y el descubrimiento del sí mismo*. Buenos Aires: Argentina Paidós.

Gurman, H. y Popiloff, T. (2008, 21 de noviembre): Matan a un niño. Taller teórico clínico Buenos Aires, Argentina. Presentado en el XLVI Symposium de la Asociación Psicoanalítica Argentina: Representaciones de la clínica: Repensando la metapsicología.

Percia, M. (2014): *Sujeto fabulado I* Notas Buenos Aires. La cebra.

Popiloff, T. (2017): La lucha de una pareja por alcanzar la adultez En Scharff, D. y Vorcheimer, M. (compiladores) Diálogos clínicos. Buenos Aires. Argentina Biebel

Popiloff,T.(2020) 29 de septiembre: Un Lazo Siempre Por Anudar Mesa de diálogo. Asociación Psicoanalítica Argentina.

Puget, J. (1995): Vínculo-relación objetal en su significado instrumental y epistemológico. En Janine Puget en psicoanálisis 2020 *Publicación APDEBA*. Buenos Aires. Argentina.

Rodulfo, R. (2008): *Futuro porvenir: Ensayos sobre la actitud psicoanalítica en la clínica de la niñez y adolescencia*. Buenos Aires. Argentina. Noveduc.

Rodulfo, R. (2004): *El psicoanálisis de nuevo: Elementos para la deconstrucción del psicoanálisis tradicional*. Buenos Aires: Argentina Eudeba.

Roudinesco, E., 2004: *La familia en desorden*. Barcelona. España. Editorial Anagrama.

Roudinesco, E. Derrida,J , (2009): *Y mañana qué...*Buenos Aires. Ed. Fondo de Cultura Económica.

Tortorelli, M.A. Argentina. (2000): La Paradoja y el vínculo: un título bífido. Buenos Aires, Argentina Trabajo presentado en el Plenario Paradoja y Violencia Familiar del Symposium de la Asociación Argentina de Psicología y Psicoterapia de Grupo.

Tortorelli, M. A. (2001): Desde el Borde. Buenos Aires. Argentina En II Congreso Argentino de Psicoanálisis de Familia y Pareja:

Teoría y Clínica de los Vínculos Asociación Argentina de Psicología y Psicoterapia de Grupo; Asociación Escuela Argentina de Psicoterapia para Graduados; Asociación Psicoanalítica Argentina.

Consultores interregionales: Adrienne H. Fainstein, A. Seulin Ch. Papiasvili,E.: Intersubjetividad en: Diccionario enciclopédico interregional de la API. API.

Recuperado en Marzo 2021 de https://online.flippingbook.com/view/1045111/2/

Winnicott D. W. (1993): *Realidad y Juego*. Barcelona, España: Editorial Gedisa.

Winnicott, D. (1979): Escritos de pediatría y psicoanálisis. Barcelona, España: Laia.

Dra. Teresa Nora Popiloff

Dra. en Psicología (UBA), es miembro titular con función didáctica de la Asociación Psicoanalítica Argentina (A.P.A.), de FEPAL y de IPA. Es Especialista en Abordaje Psicoanalítico en Familia y Pareja (CAECE). Se desempeñó como Secretaria y luego como Coordinadora del Departamento de Familia y Pareja de la A.P.A. (durante dos gestiones) Es Profesora visitante en la Universidad Nacional de San Luis. Ex Profesora Adjunta del Departamento de Psicología Clínica Universidad J.F. Kennedy, Buenos Aires.

Actualmente miembro del Instituto de Psicoanálisis "Angel Garma" e integrante de la Comisión ad Hoc de la Carrera de psicoanalista de familias, parejas, grupos y multifamiliares de la APACoordinó los equipos de niños y terapias múltiples de niños y adolescentes del Hospital Israelita "Ezrah", Buenos Aires.

Ex coordinadora del servicio de salud mental de APDIS

Escribió diversos artículos de la especialidad. Es coautora de:

Medicina Psicosocial. Lectura Psicoanalítica (Tomos 1 y 2).

Couple and Family Psychoanalysis. Karnac. (Traducido al español).

Trabaja como psicoanalista individual de niños, adolescentes y adultos y como psicoanalista vincular.

E-mail: tenopo@gmail.com

Impreso en Argentina - Buenos Aires Print
Av. Dorrego 1102 (CABA) - Mayo de 2021 -
Ricardo Vergara Ediciones - E-mail: edicionesvergara@gmail.com